U0943134

贯彻落实《重庆市中长期城乡教育改革和发展规划纲要（2010—2020年）》学习读本

CHONG QING

GUANCHE LUOSHI CHONGQINGSHI ZHONGCHANGQI CHENGXIANG JIAOYU GAIGE HE FAZHAN GUIHUA GANGYAO XUEXI DUBEN

中共重庆市委教育工委 重庆市教育委员会 编

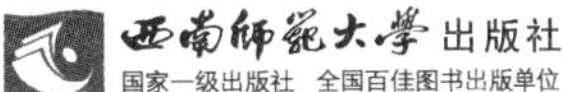

西南师范大学出版社
国家一级出版社 全国百佳图书出版单位

图书在版编目(CIP)数据

贯彻落实《重庆市中长期城乡教育改革和发展规划纲要(2010～2020年)》学习读本/中共重庆市委教育工委重庆市教育委员会编.—重庆:西南师范大学出版社,2011.12

ISBN 978-7-5621-5641-3

Ⅰ.①贯… Ⅱ.①中… Ⅲ.①教育规划—重庆市—2010～2020—学习参考资料 Ⅳ.①G527.719

中国版本图书馆CIP数据核字(2011)第270627号

贯彻落实《重庆市中长期城乡教育改革和发展规划纲要(2010—2020年)》学习读本

中共重庆市委教育工委
重庆市教育委员会 编

责任编辑:米加德 杨景罡 李 玲

封面设计:CASTALY 尚品视觉 周 娟 钟 琛

出版发行:西南师范大学出版社
(重庆·北碚 邮编:400715
网址:www.xscbs.com)

印 刷:重庆川外印务有限公司

开 本:787 mm×1092 mm 1/16

印 张:14

字 数:195千字

版 次:2012年3月第1版

印 次:2012年3月第1次

书 号:ISBN 978-7-5621-5641-3

定 价:36.00元

前言

QIAN YAN

教育是兴渝之基，强市之本。为推进教育事业科学发展，建设国家统筹城乡教育综合改革试验区，全面提升市民素质，加快重庆现代化进程，2010年12月24日，中共重庆市委、重庆市人民政府颁布了《重庆市中长期城乡教育改革和发展规划纲要（2010—2020年）》（以下简称《教育规划纲要》）。

《教育规划纲要》全面总结了重庆教育改革发展取得的重大成就，深刻阐述了重庆教育改革发展面临的形势和任务，科学谋划了重庆教育未来10年改革发展的宏伟蓝图。市委常委会审议《教育规划纲要》时强调，要始终把坚定正确的政治方向放在首位，坚持社会主义办学方向，坚持文理兼修、知行结合，培养理想信念坚定、德智体美全面发展的社会主义建设者和接班人。2010年12月25日，中共重庆市委、重庆市人民政府召开了全市教育工作会议，研究部署全面实施《教育规划纲要》。重庆市人民政府市长黄奇帆在会上指出，经济发展，教育为先，要充分认识发展教育的重大意义，坚定不移地改革创新，全面提高教育的科学发展水平，加快建设西部地区教育高地和长江上游地区教育中心。

贯彻落实《教育规划纲要》是当前和今后一个时期全市教育工作的中心任务。按照市委、市政府的部署，在全市范围内要广泛开展学习宣传《教育规划纲要》活动，深刻领会《教育规划纲要》的精神实质，重点把握重庆教育改革发展的指导思想、重大战略、基本理念、发展目标、重点任务和主要举措，进一步增强做好教育工作、办好人民满意教育的责任感和使命感。

为推进学习宣传、贯彻落实《教育规划纲要》工作，中共重庆市委教育工委、重庆市教育委员会编写了《贯彻落实〈重庆市中长期城乡教育改革和发展规划纲要(2010～2020年)〉学习读本》(简称《学习读本》)。《学习读本》从学习辅导的角度，主要编辑了四个方面的内容。一是有关《教育规划纲要》的文件，二是市政府领导、教育部领导在全市教育工作会议上的重要讲话，三是关于《教育规划纲要》的文本解读，四是《教育规划纲要》的专题解读。在编写过程中，参编人员认真学习了党中央、国务院和市委、市政府关于教育的战略方针和重大决策，细心研读了一系列关于教育改革和发展的纲领性文件，结合我市教育改革发展实际，对《教育规划纲要》的各章节及重大战略专题进行了详细解读，力求说明重庆教育未来10年改革发展的总体思路、主要任务和重大举措，力求从教育基础、主要措施、突破创新三个维度分析政策的深刻内涵，力求对社会广为关注的教育热点难点问题解惑释疑。

《学习读本》的编辑是一项系统工程。由于编者水平有限，加之时间紧迫，书中难免有不全面、不严谨之处，敬请广大读者谅解并批评指正。

编者

2011年3月

目录 / MU LU

第一部分　重要文件

第二部分　领导讲话

第三部分　《教育规划纲要》文本解读

第四部分 《教育规划纲要》有关问题解答

第一部分 重要文件

ZHONGYAO WENJIAN

中共重庆市委
重庆市人民政府
关于印发《重庆市中长期城乡教育改革和发展规划纲要（2010—2020年）》的通知

渝委发〔2010〕38号

各区县（自治县）党委和人民政府，市委各部委，市级国家机关各部门，各人民团体，大型企业和高等院校：

现将《重庆市中长期城乡教育改革和发展规划纲要（2010—2020年）》（以下简称《教育规划纲要》）印发给你们，请认真贯彻执行。

中共重庆市委
重庆市人民政府
2010年12月24日

重庆市中长期城乡教育改革和发展规划纲要

(2010—2020 年)

目 录

教育是兴渝之基，强市之本。为推进教育事业科学发展，建设国家统筹城乡教育综合改革试验区，全面提升市民素质，加快重庆现代化进程，根据《国家中长期教育改革和发展规划纲要(2010—2020年)》，制定本规划纲要。

第一章　总纲

第一节　基本形势和任务

1. 重庆教育实现历史性跨越。市委、市政府坚持把教育摆在优先发展的战略地位，大力实施科教兴渝、人才强市战略，营造了良好的教育发展环境，加快了教育改革发展步伐，取得了巨大成就。

实现了"三大跨越"。全面实现"两基"目标，城乡学生全部享受免费义务教育。突破了高中阶段教育瓶颈，初中毕业生升入高中阶段学校的比例达到90%。高等教育跨入大众化阶段，毛入学率达到30%。

取得了"三大突破"。全市每十万人中，高中阶段教育在校学生人数、高等教育在校学生人数和初中毕业生升入高中阶段教育的比例均高于全国平均水平，居西部地区前列。

推进了"三大创新"。破解教育发展难题，在全国率先化解"普九"债务、解决农村代课教师问题、建立贫困学生资助体系、兑现义务教育教师绩效工资，推进了中小学危房改造、三峡库区学校迁建和大学城建设。完善教育管理体制，组建了教育考试院、教育评估院，实现了"管、办、评"分离。创新教育投入机制，成立了教育担保公司和教育发展基金会，拓宽了教育投融资渠道。

作出了"三大贡献"。提高了市民素质，培养了大批专门人才，全市人均受教育年限达到9年。推进了科技创新，"家蚕基因组""海扶超声聚焦刀”等一批拥有自主知识产权的科技创新成果在国内外产生重大影响。增强了服务能力，教育对经济社会发展的总体贡献率不断提升。

2. **重庆教育改革发展任务艰巨**。重庆教育虽然有良好的发展态势，但与经济社会发展还不完全适应，人才培养在数量、结构上还不能完全满足重庆新兴产业快速发展的需求。教育战略地位还需进一步提高，教育投入还不能完全满足教育发展的需要。教育结构和学校布局不尽合理，城乡、区域、学校之间发展不平衡，广大农村地区特别是三峡库区、民族地区教育发展相对滞后，优质教育资源不足。教育观念、内容和方法仍需更新，城镇中小学生课业负担过重，学生创新能力和社会适应能力还不强。教育体制机制还不够健全，学校办学自主权需进一步落实，教育活力需进一步增强。必须加快教育改革和发展，着力解决教育热点难点问题，大力提升重庆教育的总体水平。

3. **重庆教育发展迎来重大机遇**。当今世界，综合国力竞争的核心在人才，基础在教育。党中央、国务院“优先发展教育，建设人力资源强国”的战略决策，中央“314”总体部署和国务院3号文件，为重庆教育改革和发展注入了强大动力。深入推进西部大开发和成渝经济区建设，为重庆教育实现新一轮跨越搭建了广阔平台。重庆统筹城乡综合配套改革试验区、“五个重庆”、内陆开放高地、两江新区建设，给教育发展增添了新的活力。转变经济发展方式，探索民生导向发展之路，给教育开辟了新的发展空间。人民群众期盼接受高质量的教育，渴望教育更加公平，给教育以极大的推动和鞭策。全市上下要抓住机遇，按照教育要面向现代化、面向世界、面向未来的要求，推动重庆教育大改革、大开放、大发展、大提升。

第二节　指导思想和战略

4. **指导思想**。高举中国特色社会主义伟大旗帜，以邓小平理论和“三个代表”重要思想为指导，深入贯彻落实科学发展观，全面贯彻党的教育方针,始终把坚定正确的政治方向放在首位,坚持社会主义办学方向,坚持教育为社会主义现代化建设服务、为人民服务、与生产劳动和社会实践相结合,培养理想信念坚定、德智体美全面发展的社会主义建设者和接班人。把培养什么人、怎么培养人,作为重庆未来发展的根本大计。牢固树立教育兴则重庆兴、人才强则重庆强的思想,大力实施科教兴渝、人才强市战略,深化教育改革,加快教育发展,促进教育公平,提高教育质量,办好人民满意的教育。

5. **重大战略**。以优先发展为根本保证,以统筹城乡为基本路径,以质量提升为核心任务,以开放创新为强大动力,以全民教育为价值追求,全面推进教育事业科学发展。

优先发展战略。坚持把教育摆在优先发展的战略地位,确保教育发展规划优先、财政投入保障优先、公共资源配置优先,建设教育强区强县,提高教育发展总体水平。

统筹城乡战略。建立健全统筹城乡教育发展的体制机制,合理配置教育资源。加快主城及周边地区教育发展步伐,重点扶持三峡库区、民族地区教育发展,推进城乡教育一体化。

质量提升战略。更新教育思想和观念,深化人才培养模式改革,坚持文理兼修、知行结合,促进学生文化知识学习和思想品德修养、理论学习和社会实践、全面发展和个性发展的统一,培养一大批多层次多样化,具有社会责任感、创新精神和实践能力的人才。

开放创新战略。扩大教育交流与合作,提高教育对外开放水平。创新教育管理、办学和投融资体制机制,改革考试招生制度与教育评价制度,增强教育活力。

全民教育战略。把促进公平作为全市基本教育政策,大力扶持困难群体,依法保障公民受教育的权利。建立各级各类教育沟通衔接机制,建设全民学习、终身学习的学习型社会,保障全体市民学有所教、学有所成、学有所用。

第三节 基本理念和目标

6. **基本理念**。教育是国计，也是民生。教育民生是最重要的民生。教育公平是社会公平的基础，教育起点公平是最基本的教育公平。缩小教育差距是统筹城乡发展的突破口，是缩小贫富差距的根本举措。推进教育事业全面、协调、可持续发展，为市民终身学习与发展服务。

着力办好各级各类学校。建立覆盖城乡的基本公共教育服务体系，重点推进义务教育均衡发展，促进非义务教育协调发展。鼓励学校办出特色、办出水平，实现“有学上”向“上好学”的转变。

着力促进学生全面充分发展。重视教育机会、过程公平，满足学生发展的基本需求。面向全体学生，全面实施素质教育。关注学生个体差异，尊重学生个性特长，让学生得到全面充分发展。

着力满足市民终身学习需求。推进学习型社会建设，加快发展各类学习型组织，开放教育资源，形成覆盖城乡、面向市民的终身学习网络和服务平台，为市民终身学习提供机会和条件。

7. **总体目标**。到2020年，实现城乡教育一体化、教育现代化和教育国际化，形成全民学习、终身学习的学习型社会，把重庆建设成为西部地区教育高地和长江上游地区教育中心，率先进入全国教育强市和人力资源强市行列。

教育普及水平全面提升。普及学前教育，高水平普及义务教育，全面普及高中阶段教育，基本普及高等教育。

教育资源配置更加优化。建立起教育资源统筹配置体系，实现城乡学校布局科学、师资配备合理、教育经费和办学条件适应教育发展需求的新格局。

教育体系结构科学合理。构建起符合人的成长规律和教育规律的现代国民教育体系和终身教育体系，实现公办和民办教育协调发展，满足人民群众不断增长的教育需求。

教育体制机制日趋完善。教育管理、人才培养、招生考试、投入保障等体制机制更加健全,形成充满活力、富有效率、更加开放、有利于科学发展的教育机制。

教育保障水平显著提高。教育法制体系更加健全,教育投融资力度不断加大,教师队伍素质整体提升,教育发展环境进一步优化。

教育服务能力明显增强。教育对经济社会发展的智力支持、人才支撑、知识贡献和文化引领能力明显提高。教育集聚功能不断完善,辐射能力显著增强。

8.阶段目标。到2012年,初步实现城乡教育一体化。普及学前一年教育,学前三年教育毛入园率达到75%。城乡义务教育实现基本均衡发展,入学率达到100%,巩固率达到90%。普及高中阶段教育,初中毕业生升入高中阶段学校的比例达到95%,高中阶段毛入学率达到85%。高等教育规模稳步扩大,毛入学率达到35%。继续教育体系进一步完善,主要劳动年龄人口平均受教育年限达到10.8年,新增劳动力平均受教育年限达到13.2年。

到2015年,基本实现城乡教育一体化、教育现代化和教育国际化,搭建起学习型社会基本框架,基本建成西部地区教育高地和长江上游地区教育中心,基本建成教育强市和人力资源强市。基本普及学前三年教育,毛入园率达到80%。城乡义务教育实现优质均衡发展,入学率保持100%,巩固率达到95%。提高高中阶段教育普及水平,初中毕业生升入高中阶段学校的比例达到98%,毛入学率达到87%。高等教育水平进一步提高,毛入学率达到40%。主要劳动年龄人口平均受教育年限达到12年,新增劳动力平均受教育年限达到13.8年。

到2020年,实现城乡教育一体化、教育现代化和教育国际化,形成学习型社会,建成西部地区教育高地和长江上游地区教育中心,成为全国教育强市和人力资源强市。普及学前三年教育,毛入园率达到90%。城乡义务教育实现更高水平的优质均衡,入学率保持100%,巩固率达到98%。高水平普及高中阶段教育,初中毕业生升入高中阶段学校的比例达到99%,毛入学率达到90%。高等教育进入普及阶段，毛入学率达到50%。建成比较完善的终身教育体系，主要劳动年龄人口平均受教育年限达到14年，新增劳动力平均受教育年限达到15年。

第二章　优化城乡教育格局

第一节　推进城乡教育一体化

9.**建设国家统筹城乡教育综合改革试验区**。贯彻落实国务院3号文件和部市教育战略合作协议，大力推进统筹城乡教育综合改革试验。破解城乡二元教育发展难题，解决高质量多样化人才需求与培养能力不足、人民群众期盼优质教育与资源相对短缺的矛盾。建立以城带乡、城乡一体、整体推进、均衡协调的教育发展机制，增强城市教育辐射能力，提升农村教育发展水平，实现城乡教育规划目标、布局结构、资源配置、政策措施、水平提升一体化。

推进国家教育体制改革项目试点，改革教育督导评价体制机制、农村教师队伍建设机制，开展基础教育综合改革，制定普通高中生均经费基本标准，创新职业教育"园校互动"办学模式、高等学校与行业企业产学研合作模式，探索政府收入统筹用于优先发展教育的办法。

10.**加快农村教育发展**。区县(自治县)政府要把农村中小学、幼儿园建设作为新农村建设的重要组成部分，同步规划，同步建设。完善城乡教育投入保障机制，新增教育经费优先用于农村教育发展，切实保障农村学校建设经费、生均公用经费和学生补助经费。完善农村中小学、幼儿园校舍的维护、改造和建设保障机制，加快农村中小学标准化、寄宿制学校和幼儿园规范化建设，加强学校食堂建设和管理，改善学校卫生条件。加强农村教师队伍建设，继续实施农村中小学、幼儿园教师特设岗位计划。加强农科教结合和"三教统筹"，整合农村职业教育和成人教育资源,开展农村成人文化教育、实用技术培训和劳动力转移培训。

11.**建立以城带乡良性互动机制**。建立健全城市带动农村的教育发展机制,主城区对口帮扶边远区县(自治县)教育,城镇对口帮扶农村教育,推动城乡教育协同并进。建立健全市级扶贫集团带动扶贫开发重点县教育发展机制,将教育帮扶作为市级扶贫集团扶贫的重要内容,有效推进扶贫开发重点区县(自治县)教育事业与经济社会协调发展。建立健全"强校"带动"弱校"发展机制,推行和完善城乡学校"百校牵手""结对帮扶""捆绑发展""名校集团""领雁工程"等模式,探索城乡学校共同发展新途径。

第二节 调整学校布局结构

12.**调整主城学校布局结构**。在城市规划、旧城改造和新区开发中,依法规划、优先建设中小学和幼儿园,切实保障城区现有中小学和幼儿园增容用地,有效解决城区学校扩容难问题。适应城镇化率不断提高和户籍制度改革需要,专项规划主城拓展区(内环快速道与绕城高速之间)学校布局,合理设置中小学和幼儿园,满足新增城镇人口的教育需求。制定"两江新区"学校布局专项规划。优化主城中等职业学校布局结构,打造高等教育聚集区,满足建设内陆开放高地的教育需求。

13.**调整区县城学校布局结构**。把城乡中小学、幼儿园布局与建设纳入区县(自治县)城乡规划统筹安排,按照"统筹发展、适度聚集、满足需要、提高效益"的原则制定专项规划。建立生源预测机制,在城镇化进程中,超前布局建设学校,扩大城区中小学、幼儿园数量,切实解决区县城学校大班额和超大规模学校问题。新建普通高中原则上布局在区县城或中心镇。根据地方产业发展和就学需求,集中布局和建设中等职业学校,推进职业教育中心与产业园区合作共建。

14.**调整农村学校布局结构**。按照"幼儿园、小学就近入学,初中相对集中”原则，布局农村学校。农村乡镇根据需要布局中心幼儿园、中心小学、初级中学和成人文化技术学校。结合新农村建设，合理布局农村完全小学或村级小学。具备条件的地区，小学向公路沿线集中，初中向集镇集中。生源较少乡镇，布局九年一贯制学校，或邻近乡镇布局初级中学。交通不便且人口居住分散的边远农村地区和留守儿童较多的地区，因地制宜布局寄宿制学校。

第三节　促进区域教育协调发展

15.**推进渝东北地区教育持续发展**。落实三峡库区移民后期扶持政策，偿还移民迁建学校债务，建立学校地质监测机制，整治或迁建地质灾害损毁学校。围绕建设长江上游特色经济走廊，推进三峡库区职业教育与技能培训试验区建设，打造移民职业教育、技能培训基地。支持渝东北地区发展高等教育，大力培养经济社会发展急需人才。加强三峡库区生态环境教育和旅游教育，促进生态环境保护和旅游事业发展。

16.**提升渝东南地区教育发展水平**。立足渝东南地区资源优势，推进民族特色职业教育发展，适度发展高等职业教育。增强渝东南地区教育发展能力，完善支援民族地区教育发展的帮扶政策。在渝高等学校按照国家政策对民族地区实行招生政策倾斜，适度增加少数民族预科招生院校和专业。加强民俗文化教育，推动特色经济和民俗生态旅游发展。

17.**促进主城及周边地区教育协调发展**。科学定位主城及周边地区教育功能，促进教育协调发展。推进大学城建设，建设适应大都市发展需要的高等教育园区。适应支柱产业、优势产业发展需要，推进职业教育园区建设，提升职业教育基础能力，建立以主城、区域中心城市为依托，以专业集群为特色的职业教育基地。建立转户进城居民终身学习机制，为进城务工人员搭建学习平台。

第三章 加快教育发展步伐

第一节 积极普及学前教育

18.**建立学前教育公共服务体系**。学前教育是国民教育体系的重要组成部分,是重要的社会公益事业。学前教育对幼儿身心健康、习惯养成、智力发展具有重要作用,是人一生健康幸福、终身发展的奠基工程。坚持公益性、普惠性原则,完善政府主导、社会参与、公办民办并举的办园体制。切实提高政府保障水平,逐步实现就近入园入托。严格执行幼儿教师资格标准,依法落实学前教育教师的地位和待遇。政府对家庭经济困难幼儿入园给予补助。

19.**扩大学前教育资源**。建立普及学前教育工作推进机制,着力扩大普惠性学前教育资源。渝东北和渝东南地区、主城周边地区的农村乡镇以举办公办幼儿园为主,将幼儿园作为新农村公共服务设施统一规划、优先建设。探索乡镇中心幼儿园下设村级园(班)的办园模式,利用中小学和其他公共闲置资源改建幼儿园。主城及周边区县城坚持多种形式举办幼儿园,注重公办与民办幼儿园协调发展。支持街道、有条件的企事业单位及团体举办幼儿园。加大政府对民办幼儿园的扶持力度,通过购买服务、减免租金、以奖代补、派驻公办教师等方式,支持社会力量办园。城镇小区的幼儿园作为公共教育资源可由当地政府统筹安排,举办公办幼儿园或委托办成普惠性民办幼儿园。未配套建设幼儿园的城镇小区,按国家有关规定配套建设幼儿园。新建小区配套幼儿园应同步规划、同步建设、同步交付使用。

20.**加强幼儿园规范化建设**。制定学前教育办园标准,健全幼儿园准入制度。加快幼儿园基础设施建设,确保基本办园条件。完善学前教育管理制度，规范办园行为。加大对幼儿园的管理力度和对违规办园、违规收费的治理力度。加强幼儿园安全设施建设和安全保障工作，严防事故发生。建立和完善行业自律、教育部门监管、家长和社会监督的幼儿园质量监控体系。遵循幼儿身心发展规律，坚持科学保教方法，防止和纠正学前教育小学化倾向，提高幼儿保教质量，促进幼儿快乐健康成长。

第二节 均衡发展义务教育

21.提高义务教育普及水平。义务教育是教育工作的重中之重，是政府优先保障的战略性任务。建立义务教育质量标准、检测和保障体系。巩固提高义务教育普及成果，健全控制学生辍学和动员辍学学生复学机制，努力消除义务教育辍学现象。全面加强学校基础设施、配套设备、师资队伍、课程教学等建设，稳步推行小班教学，提高义务教育学校办学水平。科学安排学生学习、生活、运动及休息时间，保障学生每天锻炼一小时。着力实施中小学生营养促进工程，提高学生健康水平。

22.推进义务教育均衡发展。均衡发展义务教育是统筹城乡教育发展的关键。建立健全义务教育均衡发展推进机制、保障机制、督导评估机制，率先实现区县域义务教育在教育投入、办学条件、师资队伍、管理水平、教育质量等方面基本均衡，逐步向更大范围推进。教育资源配置重点向贫困地区、民族地区、边远山区倾斜。推进义务教育标准化建设，缩小学校之间办学水平差距，有效化解择校矛盾。全面加强乡镇中心校建设，充分发挥其指导、辐射作用，提升村小办学水平。

23.加强进城务工人员随迁子女和农村留守儿童教育。各级政府要把关心进城务工人员随迁子女和农村留守儿童的教育作为一项民心工程切实抓好。坚持以输入地政府管理为主、以全日制公办中小学接收为主，安排转户进城市民子女和进城务工人员随迁子女依法平等接受义务教育。转户进城市民子女和进城务工人员随迁子女初中毕业后参加升学考试享有与城市学生同等的权利。建立政府、学校、家庭、社会多方联动的农村留守儿童培养关爱机制,完善农村寄宿制学校设备设施,加强生活管理和卫生保健人员配备,保障农村留守儿童健康成长。设立农村贫困留守儿童扶助资金,推行“4+1”农村留守儿童教育培养模式,探索建立公益性农村留守儿童校外托管机构,为农村留守儿童健康成长营造良好环境。

24.**减轻中小学生过重课业负担**。坚持标本兼治、综合治理,推进人才评价、教育质量评价和考试制度改革,减轻中小学生过重课业负担。各级政府要把“减负”作为教育工作的重要任务,建立学生课业负担监测、举报、公告和问责制度,不得以升学结果作为评价学校的唯一标准,各种考级和竞赛成绩不得作为学生入学与升学的依据。规范补习机构和教辅市场。学校要把“减负”落实到教育教学全过程,严格按照国家规定设置课程和安排课时,严格控制作业量和考试次数,纠正单纯以考试成绩衡量学生学业和评价教师业绩的倾向。发挥家庭教育在青少年成长过程中的重要作用,共同减轻学生课业负担。

第三节　全面普及高中阶段教育

25.**推进高中阶段教育普及**。高中阶段教育是学生个性形成和自主发展的关键时期,对于提高市民素质和培养创新人才具有特殊意义。坚持以扩大规模、调整布局、优化结构、提高质量为重点,整体提高高中阶段教育发展水平。统筹全市高中阶段教育发展,以加快发展渝东北和渝东南地区高中阶段教育为重点,推进高中阶段教育全面普及,满足初中毕业生接受高中阶段教育需求。协调普通高中教育和中等职业教育发展。提高特殊教育学生接受高中阶段教育的比例。

26.**加快高中阶段学校建设**。坚持改扩建为主、适度新建为辅的原则，推进高中阶段学校建设，满足普及高中阶段教育的需要。改善高中阶段学校设施设备，加强教师队伍建设，大力提高办学水平。建设一批高水平示范性普通高中学校，发挥其带动、辐射作用。加快农村薄弱高中学校建设，逐步实现办学条件标准化。

27. **支持普通高中多样化发展**。推进特色高中学校建设，支持普通高中学校走内涵发展道路，培育一批特色普通高中学校。支持普通高中学校采取多样化培养模式，丰富课程资源，提供多元化学习选择机会，满足不同潜质、不同个性学生的发展需求。探索综合高中发展模式。鼓励普通高中教育引入职业教育资源，增加职业教育内容，增强学生的职业技能和创新能力。深化普通高中教育课程改革及教学改革，全面提高学生综合素质。加强高中教育与大学教育的联系与合作，为学有余力的学生拓展性学习提供各种机会和平台。

第四节 大力发展职业教育

28. **提高职业教育地位**。职业教育是面向人人、服务社会的教育。发展职业教育对于解决“三农”问题、化解劳动力结构性矛盾、促进就业、推动经济发展方式转变都具有重要意义。各级政府要把职业教育纳入经济社会发展和产业发展规划，促使职业教育办学规模、专业设置、人才培养与经济社会发展需求相适应。实施免费中等职业教育。进入中等职业学校就读的农村学生可转为城镇户口。调动行业、企业参与发展职业教育的积极性，搭建校企合作平台，依托行业、产业园区推进职业教育集团化办学。建立技能型人才储备库，鼓励企业设立优秀技能型人才特殊津贴，对作出重大贡献的高技能人才给予奖励，提高技能型人才的地位和待遇，增强职业教育吸引力。

29. **加强职业教育基础能力建设**。统筹配置职业教育资源，健全职业教育与培训网络，加快发展面向“三农”的职业教育。加强国家级、市级示范中等职业学校，示范或骨干高等职业院校，优质特色职业学校建设。围绕重庆产业结构调整，加强职业院校专业结构调整以及专业建设的统筹规划和指导,强化对专门技能人才培养的调控。加强职业教育示范专业和精品课程建设,积极培育优势、特色专业。推进区域性、开放式、资源共享型实训基地建设,形成以综合性实训基地为龙头、专业性实训基地为骨干的实训网络。加强"双师型"教师队伍建设,提高职业教育教师专业知识及技能水平。

30. **提升技能型人才培养水平**。加强职业院校内涵建设,推动课程标准与职业标准相衔接,改革职业院校学生成绩评价方式,加强学生实习实训和动手能力培养,全面推行"双证制",切实提高学生技能水平。构建中等职业教育、高等职业教育、应用技术本科教育、专业硕士培养相衔接的现代职业教育人才培养体系。建立企业接收学生实习实训和教师培训制度,定期开展职业技能竞赛,促进高技能人才培养。

第五节　提升高等教育综合实力

31. **推动高等教育内涵发展**。提升高等教育综合实力,是建设西部地区教育高地和人力资源强市的基本要求。把高等教育工作重心从外延发展转向内涵建设、从规模扩张转向质量提升,推进高等教育质量、结构、特色、效益协调发展。以重点学科为引领积极发展研究生教育,以特色专业为主导稳步发展本科教育,以培养动手能力为核心大力发展高等职业教育。支持"985工程"学校加快建成国际知名大学,支持"211工程"学校建成国内一流大学,建设一批在全国同类院校中特色鲜明、水平领先的大学和在国内具有较强影响力的高等职业院校。

32. **优化结构办出特色**。优化高等学校结构,形成办学层次、类型更加科学,学科、专业更加合理的高等教育格局。加强大学城"五个一体化"建设。优化区域中心城市高等学校布局,增设农林、环保、中医药、艺术、体育等高等学校。引导和支持高等学校科学分类,特色定位,错位发展,形成优势。推进高等学校重点学科建设,构建国家、市级、学校三级和基础、应用、交叉新兴学科三类学科体系。围绕国家战略性新兴产业发展和重庆工业化、城镇化、城乡一体化进程，建立专业设置与市场需求信息监测预警机制，调整高等学校专业结构，加强国家级、市级特色专业建设，扶持高等学校优势和特色专业发展。

33. **提高人才培养质量。** 牢固确立人才培养在高等学校工作中的中心地位，建立有利于各类创新人才脱颖而出的体制机制。深化高等学校教学改革，强化实践教学环节，开展各类大学生技能竞赛，培养一大批高素质专门人才和拔尖创新人才。强化博士和硕士点建设，形成学科门类较为齐全、富有特色的研究生教育体系。支持有条件的市属高等学校列入新增博士学位授权单位立项建设规划，支持有条件的应用型本科高等学校获得专业硕士学位授权。继续推行学分制改革。促进校际教学资源共建共享、学分互认、教师互聘、课程互选，加强校际合作。实施卓越工程师培养计划，支持高等学校与科研机构、行业企业联合培养人才。全面实施高等学校教学质量与教学改革工程，遴选建设一批精品课程和双语教学示范课程，建立一批改革创新试验学校、人才培养模式改革试验学校、教学改革创新团队、实验教学示范中心和大学生创新创业活动基地。加强高等学校学生通识教育，深入推进大学生人文素质教育，建立一批大学生人文素质教育基地。

34. **提升高等学校科学研究水平。** 充分发挥高等学校在国家和区域创新体系中的作用，引导高等学校承担国家、区域重大科技任务和重大工程项目。围绕人才培养和社会服务，积极开展自然科学、哲学社会科学和应用技术研究。加强国家级重点实验室、市级重点实验室和工程（技术）研究中心建设。以重大项目为依托，建设一批国际国内一流的重点学科和高水平、开放式、国际化科技创新平台与研究基地，建设一批国家级、市级人文社会科学重点研究基地。支持高等学校围绕统筹城乡经济社会发展开展应用性研究，切实解决我市经济社会发展中的重大问题。

35. **增强高等学校服务经济社会发展的能力。** 鼓励高等学校积极参与地方和企业科研攻关,开发具有自主知识产权的高新技术,用多种形式推进产学研用结合。鼓励高等学校与企业和区县(自治县)共同建立产学研战略合作联盟、产学研用示范园区、技术创新中心等科技创新平台。建立在渝高等学校与企业、科研院所合作和结对扶持区县(自治县)发展长效机制,推动高新技术产业化。支持高等学校以科技成果参股的形式参与企业服务,促进成果转化。建立高等学校服务农村发展机制,选派专家指导新农村建设。发挥高等学校在科学普及、文化传播、决策咨询等方面的作用。大力弘扬优秀传统文化,发展先进文化,促进文化事业的繁荣与创新。提振高等学校人文精神,发挥高等学校在精神文明建设中的窗口示范作用。

第六节　加快发展继续教育

36. **健全继续教育体制机制。** 继续教育是终身教育体系的重要组成部分,是学习型社会建设的重要支撑。大力发展面向从业人员的学历教育和非学历教育,加快各类学习型组织建设,构建"人人皆学、时时能学、处处可学"的学习型社会。各级政府要切实履行发展继续教育的职责,市和区县(自治县)政府成立继续教育协调机构,统筹和指导继续教育发展。完善继续教育政策法规,健全继续教育准入与退出、机构资质认证制度。建立继续教育质量标准,加强办学监管和质量评估。完善非学历教育学习成绩鉴定制度,建立成人高等教育、成人中等职业教育弹性学习制度和个人学习成果认证制度。对农民、残疾人、失业人员等接受继续教育给予资助。

37. **构建开放灵活的继续教育体系。** 建设市、区县(自治县)、乡镇(街道)三级继续教育服务体系。积极申报国家继续教育基地,建立市级继续教育基地,对全市继续教育与市民终身学习进行业务指导、技术支持和学习服务。充分利用广播电视大学远程教育资源,建设以网络、卫星、电视等为载体的重庆开放大学,搭建远程、开放的终身学习服务平台。整合区县(自治县)、乡镇(街道)和社区各类教育资源，积极发展社区教育、老年教育。建立社会教育资源定期开放制度，文化馆、博物馆、科技馆、图书馆、体育馆、大型种植园、爱国主义教育基地等公益设施定期向社会免费开放。

38.创新继续教育的内容和形式。适应社会多元化发展和市民多样化学习需要，开展覆盖城乡的成人职业培训，实施以提升应用能力为核心的继续教育。组织实施劳动者职业技能提升、社区继续教育发展、专业技术人员知识更新、转岗再就业培训、公民知识和文化素养提高、农村劳动力转移和新型农民培训等计划，全面提高劳动者素质，促进就业与再就业。发挥普通高等学校、广播电视大学、教师进修院校、中等职业学校、社区教育机构等继续教育资源优势，开展成人学历教育、非学历教育和社会化培训，完善高等教育自学考试制度。加强各级各类教育的衔接和沟通，搭建人才成长的“立交桥”。

第七节　加强民族教育和特殊教育

39.重视民族教育和特殊教育。民族教育和特殊教育是教育事业的重要组成部分，对建设和谐社会具有十分重要的意义。各级党委、政府要全面贯彻党的民族教育和特殊教育政策，将民族教育和特殊教育工作纳入重要议事日程，切实解决少数民族地区教育和特殊人群接受教育所面临的困难和问题。

40.提高民族教育水平。支持民族地区学校建设。加强民族地区教师队伍建设，落实国家民族地区义务教育师资培训计划。深化民族地区教育教学改革，提高民族地区教育质量。办好重庆西藏中学和内地新疆班，加大对少数民族的教育扶持力度。在各级各类学校广泛开展民族团结教育，引导广大学生牢固树立正确的民族观，增强中华民族的自豪感和凝聚力。

41.推动特殊教育发展。完善特殊教育体系，合理布局特殊教育校点，形成以市特殊教育中心为龙头、区县(自治县)特殊教育学校为主体的特殊教育格局。支持各级各类学校接纳残疾学生入学，关心随班就读残疾学生。加强特殊儿童学前教育。办好专门学校,重视对严重不良行为青少年的教育和矫治。设立特殊教育专项经费,从残疾人就业基金、福利彩票资金、教育发展基金中安排一定资金用于特殊教育,对残疾儿童接受义务教育实行零收费。加强特殊教育教师队伍建设,提高教师专业化水平。

第四章 深化教育体制改革

第一节 改革人才培养制度

42.更新人才培养观念。树立全面发展观念,促进德育、智育、体育、美育有机融合,提高学生的综合素质。树立人人成才观念,面向全体学生,促进学生成长成才。树立多样化人才观念,尊重个人选择,鼓励个性发展,不拘一格培养人才。树立终身学习观念,培养学生学习能力,为学生持续发展奠定基础。树立系统培养观念,推进大中小幼有机衔接,教学、科研、实践紧密结合,学校、家庭、社会密切配合,形成体系开放、机制灵活、渠道互通的人才培养体制。

43.创新人才培养模式。坚持学思结合,优化课堂教学,营造独立思考、自由探索的良好环境,激发学生的好奇心,培养学生的兴趣爱好。倡导启发式、讨论式、探究式、参与式教学。坚持知行统一,开发综合实践课程,加强实践教学。建立覆盖全市的社会实践基地,鼓励学生积极参与社区实践、志愿服务和公益活动。积极开展形式多样的学工学农学军活动,引导高等学校和高中阶段学校学生敏于求知,勤于实践,历练人生,增长才干。坚持因材施教,探索分层教学、走班制、学分制、导师制等教学管理制度改革,发展学生的优势潜能。建立对学业困难学生的帮助机制,不让一个学生掉队。探索拔尖学生培养模式,为具有特殊禀赋和潜能的学生提供个性化指导服务,对学习优异学生的跳级、转学、转换专业和选修高一学段课程等给予支持和指导。

44.**全面实施素质教育**。按照育人为本、德育为先、能力为重、全面发展的要求，着力推进素质教育。把德育贯穿于教育教学的各个环节，重视学生道德情操与情感教育，真正让社会主义核心价值观进教材、进课堂、进头脑。优化知识结构，促进学生语言、思维能力发展。大力推广普通话，培养学生正确使用汉语、汉字的习惯。鼓励高等学校理工科学生学习必要的文史哲知识，文科学生学习必要的自然科学知识。加强体育和心理健康教育，加大学校体育场馆建设和设施设备配置力度，大力开展"阳光体育"运动，保证体育课和体育锻炼时间，促进学生体魄强健、意志坚强、心理健康。加强美育，推进高雅艺术进校园，培养学生良好的审美情趣，提升人文素养，推进校园文化建设。开展积极向上、丰富多彩的文化娱乐活动，建立"唱读讲传"活动长效机制，加强中华优秀传统文化和革命传统教育，弘扬红岩精神、抗战文化和三峡移民精神等本土优秀文化，塑造学生乐观健全的人格，培养学生积极健康的品质，提振学生的"精气神"。加强学生国防教育，重视安全、环境保护与可持续发展等专题教育。

45.**促进高等学校和中等职业学校毕业生就业创业**。做好学校教育与就业的衔接。加强就业指导，开展职业生涯规划教育，引导毕业生树立正确的就业择业观念。拓宽就业渠道，促进毕业生充分就业，提高就业质量。通过实施学费和助学贷款代偿、提供创业扶持等方式，引导和鼓励毕业生到农村基层和街道社区就业创业。完善大学生"村官"机制，扩大覆盖面。设立重庆市高等学校和中等职业学校毕业生自主创业资金，加大对毕业生自主创业的支持力度。成立重庆市毕业生自主创业服务机构，加强毕业生创业技能培训指导，推进创业孵化基地建设，进一步改善创业环境，搭建创业平台，提供创业服务。

第二节　改革考试招生评价制度

46. **完善中等及以下学校考试招生制度。** 坚持义务教育阶段学生免试就近入学原则，严禁义务教育阶段学校举行选拔性招生考试。完善初中学生学业水平考试制度，开展综合素质评价，将结果作为高中学校招生录取的重要依据。逐步取消普通高中“联招”考试，普通高中学校招生实行指标分层次、按比例分配到初中学校的办法。完善中等职业学校自主招生制度，实行免试注册入学。

47. **推进高等学校考试招生制度改革。** 探索政府宏观管理、专业机构组织实施、学校依法自主招生，招考相对分离、分类考试、综合评价、多元录取的考试招生制度。实行学业水平考试与综合素质评价相结合的普通高中学习成果鉴定制度，将结果作为高等学校招生录取的基础依据。改革高等学校入学考试报名制度，探索考生考籍社会化管理办法。完善高等学校入学分类考试制度，重点高等学校探索实行自主考试招生的办法，其他普通本科院校实行全国统一考试招生的办法，高等职业技术学院实行统一考试和自主考试相结合的招生办法，成人高等学校实行统一考试与注册入学相结合的招生办法。改革高考科目设置，创新命题内容和方式。改革录取投档模式，支持高等学校实行择优录取、自主录取、推荐录取、定向录取等多元录取办法。对特长显著、符合学校培养要求的学生，学校可依据招生政策和程序破格录取。加强研究生入学考试创新能力考查，发挥和规范导师在选拔录取中的作用。

48. **加强信息公开和社会监督。** 完善考试招生信息公开制度，坚持公开高等学校招生名额分配原则和办法，公开招生政策、程序和结果，加强政府和社会监督。加强考试招生制度建设，规范学校招生录取程序。落实考试安全责任，加强诚信制度建设，坚决防范和严肃查处考试招生舞弊行为。

49. **完善教育评价制度。** 建立健全学校教育质量评价和监测体系，制定评估检测质量标准，完善由政府、学校、社会各方面共同参与的教育质量评价机制。加强教育质量评估专业队伍建设，提高监测水平与评估质量。完善教师考核评价机制，调动教师工作的积极性、主动性。探索学生发展的多元化评价方式，促进学生在全面发展基础上优势发展。

第三节 建立健全现代学校制度

50. **推进政校分开管办分离**。建立依法办学、自主管理、民主监督、社会参与的现代学校制度，构建政府、学校、社会之间的新型关系。明确政府管理的职责与权限，落实各级各类学校的办学权利和责任，鼓励学校自主发展。依法制定各级各类学校章程，完善学校目标管理和绩效管理机制。克服和纠正学校行政化、“官本位”倾向，逐步取消各级各类学校实际存在的行政级别和行政化管理模式，实行校长职级制。

51. **落实和扩大学校办学自主权**。各级政府及其部门要树立服务意识，改进管理方式，完善监督机制，减少和规范对学校的行政审批事项，依法保障学校充分行使办学自主权。高等学校依照国家法律法规和宏观政策，自主制定学校规划并组织实施，自主设置和调整学科、专业，自主开展教学活动、科学研究、技术开发和社会服务，自主确定内部收入分配，自主管理和使用学校人才、财产和经费。扩大高中阶段学校在办学模式、育人方式、资源配置、人事管理、社区服务等方面的自主权。

52. **建立和完善现代大学制度**。完善高等学校治理结构，形成决策权、执行权、监督权分离与制衡机制。借鉴世界一流大学办学理念，探索教授治学的有效途径，充分发挥教授在教育教学、学术研究、学科建设、学校管理等方面的作用。强化学术委员会的学术权力，建设学术氛围浓厚的大学文化。完善公办高等学校党委领导、校长负责，民主管理、科学决策的制度。健全校长遴选机制，按照必须有坚定正确的政治方向和教育家办学的要求，培养和造就一批优秀大学校长。加强高等学校中青年教师培养，在培训深造、职务晋升、工资待遇、优秀教学成果评比等方面向教学一线教师倾斜。进一步深化高等学校后勤社会化改革。

53. **完善中小学学校管理制度**。坚持和完善普通中小学和中等职业学校校长负责制。完善校长资格制度，健全公开招聘、竞争上岗的校长任用机制，试行校长职业化改革。完善科学民主决策机制，健全校务会、教代会制度和校务公开制度。建立健全中小学家长委员会。建立教师代表、家长代表、学生代表、社区代表等参加的校务管理委员会，推进学校民主管理。

第四节 改革办学体制

54. **推进公办学校办学体制改革**。坚持教育公益性原则，健全政府主导、社会参与、办学主体多元、办学形式多样、充满生机活力的办学体制。鼓励行业、企业、社会团体、个人参与公办学校办学，扩大优质教育资源。支持有条件的公办学校探索公办民助、委托管理、合作办学等多种形式改革，增强办学活力。选择部分公办学校开展集团化办学试点，扶持薄弱学校和新建学校发展。

55. **大力支持民办教育发展**。民办教育是教育发展的重要增长点。重点发展民办职业教育和民办高等教育。各级政府要落实民办学校在招生就业、学历认可、土地征用、税费减免、资本运作等方面的支持政策。鼓励金融机构加大对民办学校的信贷支持，向民办学校投放灵活多样的信用贷款。建立民办学校合理回报机制，允许出资人从办学结余中取得合理回报。建立政府财政性经费扶持民办教育的制度，政府委托民办学校承担有关教育和培养任务，以政府购买服务的方式拨付相应教育经费。市和区县(自治县)政府设立专项资金，资助民办教育发展。建立完善民办学校教师社会保险和人事代理制度。

56. **依法管理民办教育**。开展营利性和非营利性民办学校分类管理试点。健全董事会决策、校长执行、监事会监督的民办学校法人治理结构。完善民办高等学校督导专员制度。落实民办学校教职工参与民主管理、民主监督的权利。健全民办学校审批、变更、退出机制，建立信用登记、风险预警和信息公开制度。明晰民办学校产权，落实民办学校法人财产权，任何组织和个人不得侵占资产、抽逃资金或挪用办学经费。依法加强民办学校财务和资产管理。民办学校依法独立承担民事责任。加强民办教育行业自律，引导社会参与民办学校管理和监督，加强对民办学校的评估，促使民办学校规范办学。

第五节　改革管理体制

57. **明确各级政府教育职责**。各级政府切实履行统筹规划、政策引导、监督管理、提供服务的职责，建立政事分开、权责明晰、统筹协调、规范有序的公共教育服务体系。市政府加大对各级各类教育改革和发展的统筹，推进学前教育、义务教育、高中阶段教育、职业教育发展，提高高等教育办学水平。区县（自治县）政府负责本地区学前教育、义务教育、高中阶段教育和继续教育的改革和发展，推进基本公共教育服务均等化。乡镇政府、街道办事处负责依法组织适龄儿童、少年入学，控制辍学，维护学校的安全和正常教学秩序。

58. **完善各类教育管理体制**。学前教育、义务教育和普通高中教育实行市政府统筹，以区县（自治县）为主的管理体制。教育行政部门宏观管理，相关部门履行各自职责。职业教育和继续教育实行市和区县（自治县）政府统筹、行业指导、企业参与、社会支持的管理体制。完善职业教育联席会议制度和继续教育协调机制，建立职业院校与企业合作制度。高等教育实行分类指导、部市共建、行业支持、以市为主的管理体制。

59. **转变政府教育管理职能**。各级政府要提高教育管理水平，综合运用法规、规划、拨款、信息等手段对学校进行管理，减少对学校不必要的行政干预，推动学校自主办学、依法治校、科学管理。完善政府重大教育决策调研论证、社会听证、信息公开等制度。成立教育咨询委员会,为教育改革与发展提供咨询服务。进一步明确教育科研、评估、考试机构职责,建立科学的管办评分离的运行机制。加快研究咨询型、认证评价型、人才服务型教育中介机构发展,完善教育中介机构的准入、资助、监管和行业自律制度。

第六节　扩大教育开放

60. **加强教育交流与合作**。根据建设内陆开放高地的需要,开展多层次、宽领域的教育交流与合作。加强重庆与其他省区市之间的教育交流与合作,特别是扩大在西部地区和在长江上游地区的教育交流与合作,积极推动重庆与港、澳、台地区的教育交流与合作。推动重庆教育的国际交流与合作,借鉴国外先进的教育理念和教育经验,提高重庆教育国际合作水平,培养大批具有国际视野、通晓国际规则、能够参与国际事务与国际竞争的人才。

61. **引进优质教育资源**。吸引境外知名学校、教育和科研机构、企业,合作设立教育教学、实训、研究机构或项目。支持高等学校引进世界知名大学来渝合作办学。吸引优秀留学人员来渝服务,引进高水平教育管理专家,提高高等学校和有条件的高中阶段学校外籍教师的比例。鼓励和支持重庆高等学校聘请国际知名学者和教授来渝讲学、合作科研、任教和担任管理职位。依法引进境外优质教材。继续推进职业教育师资境内外专业培训和语言培训。

62. **提高教育对外开放水平**。大力发展汉语国际教育,鼓励和支持重庆教育机构走出去办教育,扩大重庆教育的国际影响力。完善留学生奖学金制度和资助政策,扩大外国留学生规模。实施来渝留学生预备教育制度,加强外籍学生汉语言能力教育和巴渝人文社会知识教育,促进巴渝文化走向世界。支持重庆学校与国外学校开展教师、学生互派和进行其他人员的交流。鼓励和支持各级各类学校校长、教师到海外培训和进修。创新公派留学机制,加强自费出国留学的政策引导和监管。加强外籍人员子女教育服务体系建设。

第五章 加大教育保障力度

第一节 加强组织领导

63. **完善教育工作领导机制。** 各级党委、政府要认真落实教育优先发展战略，健全领导体制和决策机制，把教育纳入国民经济和社会发展总体规划，每届政府任期内至少召开一次教育工作会议。建立健全党委、政府教育工作专题会议制度和领导干部联系学校制度，及时研究解决教育改革发展中的重大问题。建立各级党政领导干部教育工作目标责任制和问责制，把教育工作实绩作为党政干部政绩考核和提拔任用的重要依据。各级政府要主动接受人大的法律监督和工作监督，定期向人大及其常委会专题报告教育工作，主动接受政协的民主监督，听取社会各界对教育改革和发展的意见和建议。

64. **加强教育系统党的建设。** 切实加强党对教育工作的领导，充分发挥党组织在高等学校改革发展中的领导核心作用、在中小学工作中的政治核心作用。探索民办学校党组织发挥作用的途径和方法。不断扩大基层党组织覆盖面，大力推进学习型党组织建设。坚持按德才兼备、以德为先的标准，加强教育系统干部队伍建设。实施“4050”工程，培养后备干部。完善民办学校党委（党总支）书记选派制度。充实党务工作者队伍。推进党的工作和活动创新，扎实开展高等学校“抓党建、促三风、建三高”工作。在优秀青年教师和优秀学生中发展党员，认真做好学校共青团、少先队和学生会工作。坚持用中国特色社会主义理论体系武装党员干部，教育广大师生。完善惩治和预防腐败体系，加强党风廉政建设和政风行风建设，坚决惩治腐败，纠正损害群众利益的不正之风。

65. **完善教育督导制度。** 完善教育督导管理体制，设置相对独立的教育督导机构，落实人员编制，独立行使督导职能。构建督政、督学、监测三大体系,建立督学委派制度和督学责任区制度。加强义务教育均衡发展、学前教育和高中阶段教育办学水平督导检查。推进建设教育强区强县督查评估。强化对区县(自治县)、乡镇(街道)落实教育法律法规和相关政策的督导检查。健全、落实督导结果公开、公众参与、限期整改和督导问责等制度。加强教育督导队伍建设,建立督学资格、职级和培训制度,促进督学队伍专业化发展,提高督导工作水平。

66. **营造良好的教育发展环境**。各级党委、政府及有关部门要认真履行教育职责,简化办事程序,落实优惠政策,为教育办实事、办好事,促进教育事业健康发展。推行校园安全警务新机制,加强校园安全保卫机构和队伍建设,加大校园周边环境综合整治力度,保障学校正常教育教学秩序,不断提高安全教育水平和应急避险能力。建立和完善师生意外伤害和重大疾病保障体系。坚持正确的舆论导向,大力宣传教育改革与发展的成功经验和先进典型,正确引导社会关注教育热点问题,为教育事业改革与发展营造良好环境,在全社会形成尊师重教的良好风气。

第二节 保障经费投入

67. **加大教育公共财政投入**。坚持把教育作为公共财政支出的重点予以优先保障,政府从预算内和预算外、预算和决算、中央决算和地方决算等方面保障教育经费投入,依法确保教育经费“三个增长”。财政性教育经费支出占全市国民生产总值的比例保持4%。市级教育经费占市级经常性财政收入的比例每年提高1个百分点,区县(自治县)逐年增加本级财政支出中教育支出的比例。落实国家征收教育费附加政策,按增值税、营业税、消费税的3%足额征收,同时开征地方教育费附加,按增值税、营业税、消费税的2%征收,专项用于教育事业。各级政府财政超收收入、土地出让、城市建设配套等政府性基金收入,按年初预算教育支出占财政支出比例用于教育。

68. **健全教育投入体制**。义务教育全面纳入公共财政保障范围。

完善以政府投入为主、受教育者合理分担、其他多种渠道筹措经费的非义务教育投入机制。学前教育建立政府投入、社会举办者投入、家庭合理负担的体制。普通高中教育实行财政投入为主、其他渠道投入为辅的体制。中等职业教育实行地方政府、行业、企业和社会力量等多渠道筹集经费的体制。高等教育实行举办者投入为主、受教育者合理分担培养成本、学校设立基金接受社会捐赠的体制。继续教育实行政府和单位投入为主、受教育者合理分担培养成本的体制。鼓励和吸引国内外资金来渝投资办学。通过划拨或优惠出让土地、税收减免、金融扶持和政府奖励等政策措施，鼓励企业、社会团体和个人投资教育。完善捐赠教育激励机制，严格落实企业、社会组织和个人教育公益性捐赠支出在所得税税前扣除的政策。建立捐赠收入政府财政配比资金制度。

69. **调整教育经费支出结构**。根据经济发展水平和教育改革发展需要，制定并逐步提高各级各类学校生均经费基本标准、生均拨款基本标准。保障教育基础设施建设和维护投入，加大对师资保障、安全保障、教育科研的经费投入。建立拨款与绩效奖励相结合的非义务教育经费分配制度。加大对各级各类教育经费支出结构的调整力度。学前教育经费列入各级政府财政预算，新增教育经费向学前教育倾斜。增加特殊教育、继续教育投入。完善教育财政转移支付制度，加大对农村地区，特别是国家和市级扶贫开发工作重点区县(自治县)经费投入力度。建立和完善各级各类学校贫困学生资助体系。规范学校举债行为，控制债务风险，建立公办学校债务偿还机制，逐步化解学校债务。

70. **加强教育经费使用管理**。建立责权一致，事权、财权相统一的教育经费管理体制。严格执行国家财政资金管理制度和财经纪律，建立科学化、精细化的预算管理机制。设立高等教育拨款咨询委员会，增强项目经费分配的民主性和科学性。核定公办高等学校年度基建拨款基数。在高等学校设立总会计师，提升经费使用和资产管理的专业化水平。建立健全学校经费管理使用制度，严格执行大额资金使用集体决策和报批备案制度。建立各级财政教育投入增长考核制度、公共财政投入持续增长监督制度。强化审计监督，完善学校财务信息公开制度和经济责任审计制度，强化重大建设项目和经费使用全过程审计。完善学校收费管理办法，规范收费行为和资金使用管理。坚持勤俭办学，建设节约型学校。

第三节　加强教师队伍建设

71. **加强师德师风建设**。严格教师资质，提升教师素质，努力建设一支师德高尚、业务精湛、结构合理、充满活力的专业化教师队伍。坚持把师德建设放在教师队伍建设的首位。加强教师职业理想和职业道德教育，增强教师教书育人的责任感和使命感。教师要关爱学生、严谨笃学、淡泊名利、自尊自律，以人格魅力和学识魅力教育感染学生，做学生健康成长的指导者和引路人。建立教师职业道德信誉记录制度，将师德师风作为教师年度考核的重要内容和评优奖励的重要依据。引导教师克服学术浮躁心理，形成良好的学术道德风尚。加强教师法制教育，规范教师从教行为，严禁教师利用职务之便动员、组织或强迫学生接受有偿补课。

72. **提升教师专业化水平**。倡导教育家办学，营造有利于教育家成长的办学环境，培育造就一批名校长、名教师、学术(技术)带头人和学科领军人才。加强教师培养，构建以师范院校为主体、综合院校积极参与的教师教育体系。推进教师培训和教研机构建设。落实培训专项经费，开展五年一周期的中小学和幼儿园教师全员培训，加强校(园)长、班主任等岗位培训。完善中等职业学校专任教师能力标准，支持职业院校从企事业单位选调、招聘高学历、高职称的优秀技能型人才担任教师。加强高等学校创新团队和教学团队建设，鼓励高等学校中青年教师到国内外重点高等学校、知名研究机构进修、访学。鼓励教师开展教育科学研究，探索教育教学规律，创新教育教学模式和方法。

73. **提高教师地位和待遇**。落实和完善教师绩效工资政策，依法保证教师平均工资水平不低于或高于当地国家公务员的平均工资水平，并逐步提高。按照国家政策规定，落实特殊教育学校教师岗位津补贴，保证艰苦边远地区教师的高定工资和津补贴。鼓励和引导优秀大学生到农村地区学校任教。落实教师医疗、养老等社会保障政策，定期组织教师参加体检，关注教师心理健康。改善教师工作、学习和生活条件，建设农村学校教师周转住房。设立教师奖励基金，对长期从教、贡献突出的教师予以表彰奖励。

74.完善教师管理制度。市级教育行政部门统一组织中小学教师资格考试和资格认定，区县（自治县）教育行政部门按规定履行中小学教师的招聘录用、职务（职称）评聘、培养培训和考核等管理职能。完善并严格实施教师准入制度，建立教师资格证书定期登记制度。落实教师聘任制。探索建立中小学及学前教育公办教师“县管校用”机制，建立民办学校教师注册管理制度。加强学校岗位管理，建立并完善教师转岗、退出机制。完善教师职务（职称）制度，强化对教师师德师风、教学效果、创新研究及成果应用的评价。建立统一的普通中小学、中等职业学校教师职务（职称）系列，在普通中小学和中等职业学校设置正高级职务（职称）。城镇中小学教师评聘高级职务（职称），原则上要有一年以上农村学校或薄弱学校任教经历。统一城乡义务教育学校教职工编制标准，结合学校区位、班级数、学科等综合因素核定农村教师编制，保障农村学校教育教学需要。落实公办幼儿园及农村完全小学附设幼儿园（班）人员编制，并定期核定和补充。民办幼儿园按照国家有关标准配足保教人员。建立和完善中小学教师和校长合理流动机制。

第四节 推进教育信息化

75.加快教育信息化基础设施建设。加快建设教育信息网络，实现多种方式接入互联网。推进“数字校园”建设，加快教学终端设施普及，重点为农村中小学配备多媒体远程教学设备。到2020年，建成覆盖城乡学校的教育信息网络体系和数字化教育服务体系。

76.加强优质教育资源开发和应用。加强学前教育、义务教育、高中阶段教育、职业教育、高等教育、继续教育及教师教育资源库建设。引进优质教学资源，开发地方特色资源，建设数字图书馆和虚拟实验室。搭建开放式与智能化的教育资源公共服务平台、城乡居民终身学习平台、大学城资源共享平台和语言文字网络学习及测试平台,促进优质教育资源的普及应用。提高远程教育质量,创新网络教学模式,改善教学装备条件,提升教师教育技术应用能力。引导学生主动利用信息手段学习,全面提高学生运用信息技术分析解决问题的能力。

77.**推进教育管理信息化建设**。整合各类教育管理网络资源,建立相对独立、资源共享、符合电子政务建设要求的教育行政管理虚拟专网。建立安全可靠、运行协调的电子政务和电子校务办公体系,提升教育行政管理、学校管理的信息化和规范化水平。按照政务公开要求,建立为民服务和公务受理的协同体系,为公众办事和了解教育信息提供方便。

第五节　推进依法治教

78.**加强地方教育立法工作**。修订重庆市义务教育条例,制定重庆市学校安全条例、民办教育促进条例、学前教育条例、高等教育条例、终身教育条例、特殊教育条例、教育督导条例、中外合作办学条例、教育投融资条例等地方教育法规和规章,基本形成与国家教育法律法规配套、符合重庆实际的地方教育法规体系。

79.**全面推进依法行政**。各级政府要按照建设法治政府的要求,依法履行教育职责。进行教育行政执法体制机制改革,落实教育行政执法责任制,加大教育行政执法工作力度,及时查处违反教育法律法规、侵害受教育者权益、扰乱教育秩序等行为,依法维护学校、学生、教师、举办者和管理者的权益。完善教育信息公开制度,保障公众对教育的知情权、参与权和监督权。

80.**大力推进依法治校**。学校要建立有效的教育事务处理机制,完善符合法律法规和体现自身特色的学校管理制度,依法履行教育教学和管理职责。坚持开展普法教育,促进师生提高法律素质,增强公民意识。完善教师和学生的申诉制度,建立健全教育救济制度,保障师生合法权益。依法管理国有资产和学校法人财产。

第六节 实施教育重大工程

81.**学前教育推进工程**。实施学前教育推进工程三年行动计划，新建和改扩建乡镇中心幼儿园700所，实现乡镇中心幼儿园全覆盖。加快幼儿园规范化建设，按照国家办园标准配备城乡幼儿园保教设施，改善农村幼儿园保教条件。

82.**中小学标准化建设工程**。加大薄弱学校改造力度，完善农村寄宿制学校配套功能，确保办学条件达标。继续加大校安工程实施力度，全面提高校舍综合防灾能力。实施新城（区）配套学校建设计划，结合户籍制度改革，新建115所中小学。中小学标准化率，2012年达到70%，2015年达到80%，2020年达到95%以上。

83.**职业教育基础能力建设工程**。建成国家示范中等职业学校30所，国家重点中等职业学校40所，市级重点中等职业学校50所，国家和市级骨干高等职业院校10所。建成职业教育园区16个，网络化职业技能训练平台50个。建设一批职业教育集团，建成教学、培训、鉴定、生产一体化实训基地50个。建成农民工培训集团5个，农民工培训基地10个。

84.**高等学校核心竞争力与质量提升工程**。实施高等教育振兴计划，力争进入国家“211工程”、西部及行业特色学校建设的普通高等学校2至4所，博士学位授予权单位10个，硕士学位授权单位18个。实施高等教育教学改革与质量提升计划，建成国家级重点学科50个，市级重点学科220个，国家级重点实验室8个，部市级重点实验室150个，国家级工程（技术）研究中心10个，部市级工程（技术）研究中心50个，人才培养模式创新实验区100个。实施自主创新和产学研一体化建设、研究生教育创新、高层次创新人才培养、大学生创新创业教育与基地建设、人文社会科学繁荣发展、大学生思想道德素质提升等计划。

85.**继续教育推进工程**。整合资源，建设重庆开放大学，形成覆盖全市城乡的区域性开放大学体系。构建以继续教育资源库为支撑、电视教育网络与计算机教育网络相衔接、面向市民的数字化终身学习服务平台。推进老年教育机构建设。建成市级继续教育示范区县(自治县)20个,市级继续教育示范培训基地30个,市级示范社区继续教育指导站400个,合格乡镇成人(技术)学校500所。

86. **教师队伍建设工程**。实施学前教育教师规范配置、义务教育教师均衡配置、普通高中教师增量提质、中职教师"双师多能"建设、高等学校中青年骨干教师队伍及创新团队建设、名师名校长建设等计划。逐步配齐幼儿园教职工和中小学外语、体育、艺术、科学、健康教育、综合实践活动等学科教师和校医、心理辅导人员,新增普通高中学校教师10 000名、中等职业学校特聘教师1 000名,建成职教师资企业实践教育基地30个,积极培养国家教学名师,选派1 000名中青年教师参加国内研修培训、1 000名中青年教师参加海外研修培训,评聘"巴渝学者特聘教授"100名,"两江学者"达到10名以上,集聚新世纪"百千万人才工程"国家级人选200名、长江学者人选50名,培养巴渝教育名家60名,培训中小学及幼儿园骨干教师6 000名、骨干校长1 300名。

87. **"五个校园"建设工程**。实施平安校园、健康校园、绿色校园、数字校园、人文校园建设工程。全市校舍建设和教学设备设施等安全要求达到国家规定标准,平安校园达到98%以上。全市中小学体育卫生条件达到《国家学校体育卫生条件试行基本标准》,学生体质健康标准抽样合格率达95%以上,健康校园达到90%以上。全市校园绿化率超过30%,绿色校园达到95%以上。现代远程教育"班班通"实现全覆盖,初步建成西部地区教育信息化示范区,数字校园达到85%以上。推进文明学校建设,人文校园达到95%以上。建成一批"五个校园"示范校,带动全市学校高水平发展。

88. **教育对外开放工程**。加强国际交流与合作平台建设,中外合作办学项目达到60个,海外孔子学院(孔子课堂)达到20所(个),缔结一批中外友好学校。积极引进国外优质教育资源,引进国际通行职业资格证书体系达到25个,海外优质职业教育课程达到40门。选派对外汉语教师和志愿者,设立公派出国留学基金,每年选派500至700名优秀人才出国进修学习。完善吸引海外学者的政策体系,鼓励外国专家、外籍教师来渝从事教学、合作研究和管理工作,常年聘请外国专家、外籍教师2 500人。实施“留学重庆计划”,在渝来华留学生规模突破10 000人。

89. **三峡库区与民族地区教育扶持工程**。在三峡库区和民族地区新建一批农村寄宿制学校,全面消除中小学危房。加快推进三峡库区和民族地区高中阶段学校建设,改扩建一批普通高中,建设一批民族中学,建成一批优质特色学校。支持三峡库区和民族地区国家示范中等职业学校、职业教育实训基地建设,建成1个市级移民就业培训基地,15个区县移民就业培训基地。

附件一:重庆市2010—2020年教育事业发展目标一览表

教育类别	指标	单位	2010年基础值	2012年目标值	2015年目标值	2020年目标值
学前教育	幼儿在园人数	万人	71	89	99	114
	学前三年教育毛入园率	%	70.9	75	80	90
九年义务教育	在校生数	万人	328	338	352	380
	义务教育入学率	%	100	100	100	100
	义务教育巩固率	%	88.1	90	95	98
高中阶段教育	普通高中在校生数	万人	63	63	63	63
	中职教育在校生数	万人	53	56	57	58
	初中毕业生升入高中阶段学校比例	%	90	95	98	99
	毛入学率	%	80	85	87	90
高等教育	在校生数	万人	80	90	105	120
	毛入学率	%	30	35	40	50
继续教育	从业人员继续教育	万人次	260	300	350	500

附件二:重庆市2010－2020年人力资源开发目标一览表

指标	单位	2010年基础值	2012年目标值	2015年目标值	2020年目标值
具有高等教育文化程度的人口数	万人	234	290	410	600
主要劳动年龄人口平均受教育年限	年	10	10.8	12	14
其中:受过高等教育的比例	%	11.8	14.5	21	30
新增劳动力平均受教育年限	年	12.8	13.2	13.8	15
其中:受过高中教育阶段教育及以上教育的比例	%	79	87	92	95

主题词:教育工作　2010－2020年　城乡规划纲要　通知

中共重庆市委办公厅　　2010年12月24日印发

(共印1 350份)

中共重庆市委教育工委
重庆市教育委员会
关于认真学习宣传贯彻全市教育工作会议精神和《教育规划纲要》的通知

渝教工委〔2011〕26 号

各区县(自治县)教委,北部新区教育局,各高校,委直属单位:

在全面落实中央"314"总体部署和国务院 3 号文件,深入推进统筹城乡综合配套改革试验区、"五个重庆"、内陆开放高地、两江新区建设的关键阶段,2010 年 12 月,市委、市政府召开了直辖以来第三次全市教育工作会议,颁发了《重庆市中长期城乡教育改革和发展规划纲要(2010—2020 年)》(以下简称《教育规划纲要》)。全市教育工作会议的召开和《教育规划纲要》的颁发,是我市全面落实科教兴渝和人才强市战略,加快教育改革和发展的一个新的里程碑,意义重大,影响深远。全市教育系统要把学习宣传、贯彻落实全市教育工作会议精神和《教育规划纲要》作为当前和今后一个时期的中心任务切实抓紧抓好。现将有关要求通知如下:

一、大力学习宣传全市教育工作会议精神和《教育规划纲要》,明确市委、市政府关于教育改革和发展的基本思路和总体部署

(一)认真组织学习。全市教育系统要把组织学习全市教育工作会议精神和《教育规划纲要》,作为 2011 年上半年的一大工作重点。市教委将组织宣讲团赴各区县、高校和直属单位,宣讲全市教育工作会议精神和《教育规划纲要》。各区县教育行政部门和各级各类学校,要统筹安排时间,采取专题报告、座谈研讨、专家解读等多种形式,组织教育行政机关、学校领导干部和广大教师,深入学习全市教育工作会议精神和《教育规划纲要》,深刻领会和准确把握精神实质。通过学习,进一步统一思想、凝聚共识,增强推进教育改革发展的责任感和使命感。

(二)加大宣传力度。各区县教育行政部门和各级各类学校要精心设计、周密部署、统筹安排,制订切实可行的宣传方案。要充分利用报刊、电视、网络等媒体,校园网站、广播、专栏、简报等形式,大力宣传全市教育工作会议精神和《教育规划纲要》。区县教育行政部门要组织得力队伍,深入基层和学校开展学习宣讲活动,把全市教育工作会议精神和《教育规划纲要》讲实讲活、讲深讲透。各级各类学校要广泛开展教育思想、教育观念、教育方法的大学习、大讨论。通过这些活动,在全市形成学习宣传教育工作会议精神和《教育规划纲要》的强大声势,营造重教、兴教、支教、乐教的良好氛围。

(三)把握学习宣传重点。全市教育工作会议和《教育规划纲要》描绘了未来10年重庆教育改革与发展的宏伟蓝图,明确了教育发展、教育改革和教育保障任务。学习宣传要把握以下重点:一是"坚持社会主义办学方向,把培养什么人、怎么培养人作为重庆教育未来发展根本大计"的指导思想;二是"优先发展、统筹城乡、质量提升、开放创新、全民教育"的战略方针;三是"教育民生是最重要的民生,推进'三个着力'"的基本理念;四是"实现三化,建设一社会、一高地、一中心、两强市"的战略目标;五是"普及学前教育、高水平普及义务教育、全面普及高中阶段教育、基本普及高等教育"的战略任务;六是"人才培养制度、考试招生制度、现代学校制度、办学体制、管理体制、投资体制、对外开放"等改革举措。通过全市教育系统的共同努力,使学习宣传活动收到成效。

二、深入开展教育改革创新,大胆突破教育体制机制障碍,全力推进国家统筹城乡教育综合改革试验区建设

(一)深入推进教育体制改革创新。教育改革创新尤其是教育体制机制改革创新,是推进教育发展的强大动力。各区县教育行政部门和各级各类学校在贯彻落实全市教育工作会议精神和《教育规划纲要》中,要结合本地区、本单位实际,找准阻碍教育发展的体制机制，提出切实可行的改革方案。要着眼于事关教育发展全局的关键领域和薄弱环节，有计划、有步骤地推进改革。要以促进教育公平为重点，以提高教育质量为核心，以解决教育民生为导向，解放思想，大胆创新，全力突破体制机制障碍，形成有利于教育事业科学发展的新体制新机制。

（二）切实开展体制改革项目试点。各区县教育行政部门和各级各类学校，要根据国家和重庆《教育规划纲要》部署、《国务院办公厅关于开展国家教育体制改革试点的通知》精神，按照《中华人民共和国教育部重庆市人民政府建设国家统筹城乡教育综合改革试验区战略合作协议》和重庆市人民政府《统筹城乡教育综合改革试验实施方案》要求，大力推进国家"改革教育督导评价体制机制、农村教师队伍建设机制，开展基础教育综合改革，制定普通高中生均经费基本标准，创新职业教育'园校互动'办学模式、高等学校与行业企业产学研合作模式，探索政府收入统筹用于优先发展教育的办法"等7大项目试点。深入推进我市统筹城乡教育改革9个综合项目和40个单项项目试点。各项目单位要充分发挥主动性、积极性、创造性，落实改革措施，完善工作制度，定期督促检查，确保项目试点工作有力有序推进。

（三）全面推进统筹城乡教育改革试验。各区县教育行政部门和各级各类学校，要以贯彻落实全市教育工作会议精神和《教育规划纲要》为契机，深入贯彻落实中央"314"总体部署和国务院3号文件，全面推进国家统筹城乡教育综合改革试验区建设。要进一步明确改革思路，在城乡教育布局结构调整、资源优化配置、总体水平提升，促进教育公平与和谐，缩小城乡教育差距等方面实现重大突破。建立起以城带乡、城乡一体、整体推进、均衡协调的城乡教育发展机制，实现城乡教育规划目标、布局结构、资源配置、政策措施、水平提升一体化，把重庆建成教育改革发展的"试验区""示范区"。

三、加大教育重大工程实施力度，着力加强关键领域和薄弱环节，全面推进教育事业科学发展

（一）大力实施教育重大工程。各区县教育行政部门和各级各类学校，要把组织实施教育重大工程作为推动教育改革和发展的重要

抓手,明确工程任务,加大工作力度,确保工程实施取得成效。要根据本地区、本单位教育事业发展需要,以教育重大工程为依托,因地制宜确定一批发展项目,精心设计项目实施方案,明确目标任务、主要举措和工作要求,落实责任单位和责任人,提出实施进度和考核指标,使项目具有可操作和可监测性。要实行项目科学化、精细化管理,对实施情况进行全程跟踪、指导和检查,提高项目实施的质量和效益。

(二)加强重点领域和薄弱环节建设。缩小城乡教育差距是实现教育均衡发展的突破口。统筹城乡教育发展,重难点在农村教育,薄弱点在学前教育。各区县教育行政部门,要按照《教育规划纲要》和国务院《关于当前发展学前教育的若干意见》,加快发展农村教育和学前教育。要以完善城乡教育投入机制为保障,加快农村中小学标准化、寄宿制学校和幼儿园规范化建设。要以实施农村中小学、幼儿园教师特设岗位计划、教师培训工作为重点,全面加强农村中小学、幼儿园教师队伍建设。要以实施学前教育推进工程三年行动计划为突破口,不断扩大普惠性学前教育资源的覆盖面,努力构建覆盖城乡的学前教育公共服务体系。要通过全市上下的不懈努力,着力提升农村教育发展水平,切实化解"入园难、入园贵"难题,促进农村教育和学前教育持续健康发展。

(三)全面提升教育总体水平。各区县教育行政部门,要以推进教育优先发展为根本保证,以实现全民教育为价值追求,不断完善教育政策制度,扩大优质教育资源,努力营造良好的教育发展环境,全面提升教育总体水平。要在大力推进义务教育均衡发展基础上,统筹协调发展各类教育,促进教育普及达到较高水平。各级各类学校,要以《教育规划纲要》为指针,以"五个校园"建设为抓手,全面实施素质教育,深入开展"唱读讲传"活动,切实推进课程改革和教材建设,着力创新教育管理和人才培养模式,全面提高教育教学质量,不断满足人民群众接受良好教育的期盼和要求。

四、切实加强组织领导,认真制定实施方案和配套政策,确保市委、市政府决策部署落到实处

(一)切实加强组织领导。各区县教育行政部门和各级各类学

校，要按照市委、市政府的统一要求，加强对贯彻落实全市教育工作会议精神和《教育规划纲要》工作的组织领导，主要领导亲自抓，分管领导和责任单位具体抓，形成分工明确、各尽其责、统筹协调的贯彻落实工作体系。要采取切实可行的方式，确保贯彻落实工作组织到位、责任到位、保障到位。

(二)认真制定实施方案和配套政策。各区县教育行政部门，要在当地党委和政府的领导下，认真筹备召开本地区教育工作会议，明确当前和今后一个时期贯彻落实全市教育工作会议精神和《教育规划纲要》的基本思路、重点任务和工作措施。要在深入调查研究基础上，制定好本地区教育"十二五"专项规划，出台切实可行、操作性强的配套文件和实施细则。要细化教育改革发展的目标任务，明确时间表和路线图。各级各类学校，要抓紧制定贯彻落实全市教育工作会议精神和《教育规划纲要》的具体方案，做好"十二五"教育事业发展规划，认真组织实施。

(三)强化对贯彻落实情况的督促检查。各区县教育行政部门和各级各类学校，要建立工作落实责任制，明确工作任务，制定检查办法，使每一项任务分工到人、责任到位。要建立督查督办机制，完善绩效考核和问责制度，确保市委、市政府重大教育决策的全面贯彻落实。要建立动态反馈机制，及时总结和推广好的做法和有效经验，及时发现和解决贯彻落实中出现的新情况、新问题，推进全市教育工作会议精神和《教育规划纲要》顺利贯彻实施。

各地区、各单位要及时将学习宣传贯彻全市教育工作会议精神和《教育规划纲要》的情况报送我委。

2011年1月31日

主题词：学习贯彻　会议　规划纲要△　通知

重庆市教育委员会办公室　　2011年2月1日印

第二部分 领导讲话

LINGDAO JIANGHUA

在全市教育工作会议上的讲话

重庆市人民政府市长　黄奇帆

（2010 年 12 月 25 日）

今天，直辖以来的第三次全市教育工作会议隆重召开。会议的主要任务是：贯彻落实全国教育工作会议精神，总结“十一五”和部署“十二五”教育工作，组织实施《重庆市中长期城乡教育改革和发展规划纲要（2010—2020 年）》。代表市委、市政府，我讲三个方面的意见。

一、重庆教育过去五年取得了重大成就，为未来的发展奠定了坚实基础

（一）始终坚持推进教育普及，实现了“三大突破”

一是在西部地区率先实现全面“普九”。2006 年 40 个区县实现 100％“普九”，2007 年顺利通过国家检查验收。直辖前，重庆在西部地区的“普九”程度比较低。直辖初，加上渝东南、渝东北等贫困地区，普及率只有 18.87％，中西部最低。我们用了 9 年时间成为西部领先，西部还有五六个省区要到 2012 年才能实现全面“普九”。这是一个重大突破。

二是在“普九”基础上用 4 年时间实现了“普十二”。今年，重庆初中毕业生升入高中阶段学校的比例达到 90％，基本实现普及高中阶段教育。目前，国家这项指标是 80％，西部很多省 70％。重庆作为西部地区的省市，能够超过全国平均水平，跟东部地区一样实现“普十二”，又是一个重大突破。

三是大学毛入学率达到 30％，西部第一，为今后基本普及高等教

育奠定了基础。直辖初期,全国大学毛入学率是14%,重庆为8%。这些年来,国家每年增加1个百分点,重庆几乎每年以2个百分点挺进,今年超全国平均水平4个百分点。陕西省一直是西部的教育高地,今年大学毛入学率为29%。四川省虽现有110万大学生,但人口比我们多,大学毛入学率不到25%。从这个意义上讲,重庆是当之无愧的西部教育高地。

(二)始终坚持教育改革创新,解决了十大历史遗留问题

一是历史性地还清了"普九"欠债。教育在发展过程中会产生历史遗留问题。比如,大规模"普九",当时国家和地方对教育的投入不足,地方又必须加快推进,就会产生负债,普遍表现为乡镇政府欠债,影响学校正常教育秩序和社会稳定。"普九"欠债,重庆达28亿元。2006年,我们清偿了2002年以前形成的20亿元债务,然后,又偿还2002年以后形成的8亿元债务,成为全国第一个全部偿还"普九"债务的省市。

二是全面改造中小学危旧房。投入45亿元,2006年年底全面消除了420多万平方米D类、200多万平方米C类中小学危旧房,普遍改造农村中小学校舍。汶川地震发生后,投入26亿元推进中小学校舍安全工程,今年完成工程总量的60%。

三是解决学生寄宿难的问题。重庆农村多是山区,人口分散,加上大量农村留守儿童需要培养教育,必须大力兴建寄宿制学校。2006年以来,我们投入68亿元,计划到2010年建成2 000所。截至今年,已建成2 080所,超额完成任务。

四是彻底解决农村代课教师问题。农村代课教师每月收入四五百元,只有在编教师的一半,又没有津补贴,有的上课十年、二十年,退休后还得不到养老等社会保障,很不合理,极不公平。市委、市政府决定,以公开招考形式招录农村代课教师为公办教师。历史遗留的1万多名代课教师,除考试不合格者,90%以上都成为正式教师。

五是解决库区迁移学校的资金缺口问题。按照"三原"标准迁移的库区学校,本身搬迁经费不足,加之新建学校扩大规模、提高标准,

累计欠债31亿元。2007年,我们配合协调长江委、三峡办进行资金核查、调整补偿投资,得到5.1亿元补偿投入。其余26亿元遗留欠债,已纳入三峡后续规划予以解决。

六是解决教师待遇问题。一直以来,教师和公务员待遇差不多。2006年以后发生了两个变化:一方面公务员实施津补贴改革,而教师没有实施;另一方面实施免费义务教育,不再收取学杂费,教师津补贴来源产生缺口,直接导致教师与公务员的工资收入出现较大差距。2006年市政府用财政性资金为教师每人每月发放生活补助150元,2007年和2008年分别提高到300元、500元。2009年,落实资金49亿元,在全国率先落实并兑现31.7万义务教育教师的绩效工资。

七是健全义务教育经费保障机制。2006年,国家实行义务教育经费保障机制改革,中央财政按过去两年的平均收费标准补助80%。重庆义务教育生均经费保障标准比周边省市高出1倍多。2008年,又提高生均公用经费、校舍维修改造补助等标准,实现农村与城镇学校“同标准拨款”。

八是大力推进中小学标准化建设,促进城乡教育均衡发展。“普九”完成后,投入校舍建设等专项资金100多亿元,今年60%的中小学达到国家标准化要求,建成中小学塑胶运动场1 080片,城乡教育差距逐渐缩小。

九是解决高中阶段教育瓶颈问题。过去,“普九”大规模扩张,初中的升学率只有30%—40%。每年全市“两会”有很多提案和建议反映高中阶段学校不足。近五六年,我们大力发展高中阶段教育,特别是加快中等职业教育,瓶颈问题得到历史性地解决。普通高中和中职学校学生规模115万人,比1997年翻两番。

十是解决大学扩招生均经费问题。1997年大学扩招前,国家部属高校的生均经费为8 000—9 000元,地方大学为5 000元。随着扩招规模的扩大,地方财政教育经费没有跟上,所有地方大学生均经费被减半为2 500元。2006年我们研究决定,到2010年重庆所有大专院校生均经费达到原标准,目前超额实现预定目标,达到5 600元。

做成这件事很不容易，扩招前不到 20 万大学生，新增了 50 多万人。现在又有一个新问题，根据 1997 年的物价系数，当时生均经费 5 000 元，十多年后是否还用这个标准？如果算上通胀系数，1 万元的标准也应该，至少应该比全国各个地方率先达到目前部属高校 8 500 元的平均水平。

（三）始终坚持以人为本，改善了事关千家万户的教育民生

一是全面实现免费义务教育。从 2006 年、2008 年秋季分别开始实施农村、城市义务教育经费保障机制改革，实现了城乡免费义务教育。到 2009 年，累计投入资金 83 亿元，每年惠及 350 万中小学生。

二是健全贫困学生资助体系。目前，资助学生总量 400 多万人。在全国率先对中职教育“五类学生”实施资助政策，今年推行中职全免费，已在 10 个区县试点，力争明后年全面实现。

三是健全农民工子女就学保障机制。将进城农民工子女纳入义务教育保障机制范围，26 万农民工子女享受“两免一补”。随着户籍制度改革的推进，今明两年 300 多万农民转为城市居民。要新建 115 所中小学校，解决他们子女的入学问题。

四是健全农村留守儿童培养关爱机制。市委三届七次全委会把培养照顾好 130 万农村留守儿童纳入“民生十条”，我们采取寄宿制、代理家长、托管家园、“4＋1”教育培养模式等方式，妥善解决农村留守儿童问题。

五是实施中小学生营养促进工程。惠及学生 270 多万人次。市级落实 1 亿元奖补专项资金，区县投入 7 亿元，为困难家庭中小学生提供学生饮用奶或鸡蛋。对寄宿制学生按小学每生 2 元、初中每生 3 元的标准补助生活费；对非寄宿困难学生，免费提供“爱心午餐”。

六是建立新型校园警务体制。今年 3 月以来，全国部分地区发生校园暴力伤害学生事件。为保障学生安全，我们安排专项经费 4.4 亿元，建立了新型校园警务体制和勤务机制，配备校警 5 588 名、校园保安 26 554 名，全市中小学、幼儿园实现“一校一警”“多校一警”全覆盖。

七是促进大中专毕业生就业。市政府制定十条措施，通过引导

基层就业、定向培训、就业见习、创业带动就业、加强就业指导等方式，促进毕业生就业。在受世界金融危机影响较大的三年期间，高校和中职毕业生的就业率基本保持在90%和96%以上。

(四)以大学城建设为载体，促进高等教育提档升级

重庆是山城，建设性用地比较少。为改变高校“螺蛳壳里做道场”的现状，2003年市委、市政府决定建设大学城，促进了高校基础设施扩张。截至今年，大学城入住高校15所，13所已正常运转，2所在建，学生规模15万人。在大学城建设驱动下，全市大专院校近30所搬迁、15所就地扩张、西南政法大学等学校异地扩张。全市高校占地40平方千米，比2002年翻了两番，建筑面积由400万扩大到2 000万平方米，生均占地由20增加到60平方米，超过教育部标准10平方米，即使今后几年学生数量达到80万、90万，也是达标的。

随着基础设施的大改造，6个本科学院升格为大学，新组建6所本科院校、24所高职学院、7所独立学院，高校数量增加到61所。这不是拔苗助长，而是教育发展、学校硬件设施改善、师资队伍和学生规模扩张之后的必然结果。每所升格的大学、新建的学校，全按照国家标准，经过教育部长达半年时间以上的审查验收。类似情况在上世纪90年代，沿海地区大规模推进，而重庆直到2002年还原地踏步，没有一所高校升格。现在我们还了欠账。

(五)始终坚持公办、民办教育协调发展，创建民办教育发展制度改革的典范

一是出台促进民办教育发展的十条政策。在民办学校基础设施建设、融资、收费标准、财政扶持等方面给予政策扶持，促进民办教育大发展。目前，全市民办教育机构2 954所，在校生60.2万人。“十条政策”在全国有率先开拓的意义，得到了教育部高度肯定，并全国推广。

二是在全国首创民办教育担保公司，为民办学校融资提供担保。公办学校有专门资金渠道，一般不需要融资，而民办学校的资金来源比较困难。经过调研分析，全市300个中职学校中有70多个属于民

办，而其资产总额才2亿元。说明这些民办中专大部分靠租借校舍办学。如果一个学校发展到一定规模，其教育设施却靠租借，哪怕办学的人出发点很好，也极有可能耽误学生。因此，我们组建了全国第一个教育担保公司，帮助民办学校解决融资难问题。目前，担保公司已与8家银行签订67亿元规模的授信协议，为20多个学校提供了贷款担保。

三是帮助部分民办学校解决历史遗留问题。主要是两种情况：第一种是，一些民办学校由于办学方针、办学模式出错，最后资不抵债。办学人可以逃债、一了百了，但是几百个学生苦不堪言。我们采取由优质学校并购、政府偿还学校债务的办法，依法并购了十几所民办学校，保障了教师和学生利益。第二种是，民办学校发生产权归属争议，对簿公堂，有的一扯十年，老师学生深受其害。我们协调司法诉讼，解决了他们的债权问题。民办学校历史遗留问题的化解，提高了民办教育的含金量。

（六）始终坚持教育优先发展，达到教育财政投入占GDP4％的要求

“十一五”期间，重庆财政性教育投入年年占GDP的4％。今年全国是3.4％。《国家中长期教育改革和发展规划纲要（2010－2020年）》和国家教育工作会议都明确要求，从2012年开始，财政性教育经费支出要达到GDP的4％。重庆“十一五”就做到了。我们始终坚持预算内和预算外、预算和决算、地方决算和中央决算“三个比例”保证教育投入。新增教育经费70％往农村地区、贫困地区、少数民族地区倾斜。这几年，除了六七百亿元正常预算外，基础设施建设有六七百亿硬投入，大学城建设100多亿元，30个大学改造200多亿元，中小学危旧房改造、寄宿制学校建设200亿元，土地转让和税收优惠150亿元。还有平时各种各样的资金调度。重庆优先发展教育理念是牢固的，优先投入教育的资金渠道是畅通的。

过去五年重庆教育的快速发展，是市委、市政府高度重视教育的结果，是全市教育战线广大教职员工共同努力的结果。借此机会，谨

向全市教育工作者、向辛勤耕耘在各级各类学校的园丁们表示亲切的慰问，并致以崇高的敬意！

二、充分认识发展教育的重大意义，加快建设西部地区教育高地和长江上游地区教育中心

（一）教育高地是支撑经济高地的基础

过去五年，重庆经济社会迅猛发展，全市生产总值翻了一番，工业销售值今年突破1万亿元，地方财政收入增长4倍；实际利用外资翻了三番多，达到63亿美元，进出口总额增长2倍多。“十二五”时期，市委、市政府的规划目标是：基本建成国家中心城市、西部地区的重要增长极、长江上游地区的经济中心、城乡统筹发展的直辖市，提前五年实现全面小康；GDP年均增长12.5%、翻一番达到1.6万亿元；工业销售值达到2.5万亿元，财政税收、利用外资等各方面都实现大发展。在一切竞争中，人才是根本，是竞争的核心要义，特别是要在世界大格局发展中抓住机遇、崭露头角，人才起着关键作用，而教育是人才成长的基础。我们必须牢固树立“经济发展，教育为先”的理念，把投资教育作为面向未来的战略性投资，加快推动教育科学发展。

（二）教育是缩小贫富、城乡、区域“三大差距”的基础性环节

缩小贫富差距的理论体系包含五个层次。一是国民收入的一次分配。既要讲公平，也要讲效率。如果“蛋糕”分歪，调整起来非常麻烦。1990年，我国GDP总量不太大，但那时58%左右是老百姓收入。到2000年，这个比例减少到47%左右，现在到了42%左右，社科院的统计是38%。老百姓分配的“蛋糕”少，消费就少，经济结构就出现问题。二是国民经济二次分配，包括社会保障制度以及财产税、个人所得税、房产税、遗产税等制度。三是财政性转移支付。四是创业和就业。五是教育。教育在缩小贫富差距、缩小三大差距中发挥基础性作用。比如，城市和农村籍大学生，虽然家庭条件等因素可能导致贫富差距，但他们知识水平差距不大，随着就业创业可能由穷变富，不会导致一辈子的差距。如果教育出了问题，就可能使一代人无法缩小贫富差距。印度的教育体制就不太公平，虽然英语程度高、高等教

育不错、大学毕业生工资待遇较好,但是印度10亿人,人分九等,宗教、阶级、等级观念非常严重,如果第八、第九等的人不能读书,父母是洗衣工,小孩将来还是洗衣工,没有翻身的机会。我们必须确保教育起跑线上的公平,再穷不能穷教育。

基于上述两个方面的认识,重庆未来十年教育发展的目标是:实现城乡教育一体化、教育现代化和教育国际化,形成全民学习、终身学习的学习型社会,把重庆建设成为西部地区教育高地和长江上游地区的教育中心,率先进入全国教育强市和人力资源强市行列。为了实现这个蓝图,教育要在四个方面实现“率先”。

第一,率先实现城乡教育一体化。一是加快发展农村教育。以农村中小学标准化建设为重点,促进义务教育均衡发展。加强区县中职和普通高中建设,高标准普及高中阶段教育。二是推进区域教育协调发展。着力提高渝东南、渝东北教育水平,重点在万州、涪陵、黔江布局一批大专院校。三是解决好户籍制度改革中的教育布局问题。随着农民转为城市居民,农村人口会逐渐减少,现在农村学校已经出现大量的闲置校舍。如果再投入建设,就会造成资源浪费。未来十年,2 000万农民将会减少到1 000万。要根据这种人口分布趋势,合理布局城市人口集聚区的学校;调整农村学校布局,一些闲置校舍可作为农村文化活动场所。市教委和市文广局等部门要加紧研究和策划,实现资源优化配置。

第二,率先实现教育现代化。建立更加完善的社会主义教育体系,是实现教育现代化的重要基础。培养高素质劳动者和高水平的人才是教育现代化建设的根本任务,有效服务经济社会发展是教育现代化建设的重要使命。当前,市委、市政府按照中央要求,从国家发展大局出发,以科学发展观为指导,抢抓后金融危机时代世界格局发展变化的重大机遇,发展一批战略性新兴产业占领制高点,为西部发展增加体制性、机制性动力。这些大产业、大项目迫切需要人才和教育的支撑。比如,1亿台笔记本电脑生产基地,将形成1万亿元销售值,占全球笔记本电脑市场1/3的份额,需要集聚研发、设计、管理等各方面人才。再比如,建设数据处理中心和云计算数据中心,建设

3万台服务器，需要1 000多名信息数据专业人才，如果建成十万、百万台，就需要上万、十万的人才。教育对重大招商项目有时会发挥关键作用。可以说，西永微电园1亿台笔记本电脑项目，就是大学城引来的。我们最近正在竞争一个世界级的集成电路项目，百亿美元规模。优惠政策、配套加工厂等因素固然重要，但最关键的因素是人才。最近一个月，重庆邮电大学成立半导体学院、重庆大学成立集成电路和信息工程学院，每年能够输送1 500名大学生、1 000名研究生，培训几千名相关技术人才。这两个学院就能够提升重庆的信息人才竞争力。我们就是用这种逻辑在推进工作。

六大支柱产业常规发展、增量扩张、升级换代同样急需人才。化工方面，总投资50亿美元的40万吨MDI一体化项目正在推进，建成后销售值可达500亿元，形成2 000亿元化工产业集群，急需大量化工专业人才。由于化工专业性强，所以市政府考虑是否建1所化工学院。汽摩产业大发展也急需人才。最近我们引进了一名顶尖人才，湖南大学校长钟志华院士，在全国汽车领域极具影响力。建设西部金融中心，也急需要大量金融人才。虽然企业管理人才可以转换知识结构从事金融，但还是缺少专业匹配的财经学院、金融学院。

第三，率先实现教育的国际化。全面推进教育国际交流合作，大力引进境外优质教育资源，加强高校与跨国公司、科研机构合作。这是我们《教育规划纲要》中非常重要的内容。各级各类重点学校、高校要加快推进。美国常青藤大学国际化程度非常高，一是百年历史；二是上百亿美元基金在股市里运作；三是教师、学生全球交流，学术活动非常广泛，各种各样世界级的前沿理论集中研讨。所以，他们可以获得诺贝尔奖。要学习借鉴世界教育各种合理的先进文化、先进教育思想、先进运行方式，比如民办教育资金来源、公办教育支撑体系等等，促进我们的教育发展。

第四，率先建成学习型社会。为全社会的成年人创造继续学习的条件。一要发挥普通高校、电大、进修院校、中等职业学校的教育资源优势，重点抓好以提升应用能力为核心的学历教育、以农村劳动力转移培训和城乡劳动者就业培训为主的非学历教育。二要充分利用电大远程教育资源,建设以网络、电视等为载体的开放式教育服务平台。三要整合区县、乡镇(街道)和社区的各类教育资源,积极发展社区教育。四要建立社会教育文化资源定期开放制度,文化馆、博物馆、科技馆、图书馆、体育馆、爱国主义教育基地等公益设施定期向社会免费开放。

三、坚定不移改革创新,全面提高教育的科学发展水平

(一)坚定不移地提高教育普及率

现在已普及义务教育和高中阶段教育。争取2020年基本普及高等教育,2015年大学毛入学率达到40%。普及学前教育是当前和今后几年的重要任务。目前,全市4 100所幼儿园,60%为民办,40%为公办。如果一股脑把民办幼儿园撤了,全由政府兴办,一是无此必要,二是极不合理。对于主城区、区县城等比较发达的地方,应该鼓励民办;对于农村乡镇等比较落后的地方以公办为主,公办民办协调发展,普及学前教育。

(二)坚定不移地推进教育体制机制改革

重点是人才培养的体制机制、招生考试评价制度、现代学校制度改革、办学体制改革、教育管理体制改革等方面,破除影响城乡教育发展的体制机制障碍,增强教育发展活力。在人才培养方面,要特别注重培养学生的实践能力。人的知识,20%来自学校,80%来自工作和生活实践。古代人饱读诗书、学富五车,信息量却远没有我们现代人大。但信息量太大,信息垃圾也多。如果一个人整天读书、上网,好像很用功,可能最后变书呆子。我们经常告诫大家,不要整天泡在电视机、网络上,其实很颓废、没有精气神,甚至思维方式都比较呆板。我们的教育就是要联系实际,培养学生知行合一、学用结合的世界观,增强学生解决实际问题的能力,在上学期间就能够适应农村、工厂、社会,不要太脆弱,稍微遇上不愉快的事就跳楼或者发生各种异端情况。对学生而言,精神生活、生活环境、师生互相关爱、接受艰难困苦的磨炼都很重要。市委、市政府决定,每逢暑期市区两级机关全部开放,让留在学校的上万名学生实习,每个处室可以安排两三

个学生。他们一两个月增长的知识，可能终生受用。实习期间，可以每月补助他们1 500元或者2 000元。既解决学生的收入，又增长阅历。也可以让学生学军、学农、学工、学商。这些事情不是机械的，可以交叉，根据实际情况，调整实习时间。总之，要让广大学生形成从基层做起、与社会接触，而不是好高骛远的世界观。

前不久，习近平副主席到重庆师范大学图书馆考察，上千名学生争相与领导见面。习副主席即兴演讲12分钟，对学生进行价值观念方面的辅导，非常亲切，也很实用。习副主席的讲话是我们这一代人一生历练精神感受的总结，非常有指导意义，要印发全市所有大专院校，让学生、老师学习。

（三）坚定不移地提高各级各类教育的质量

一是提高教育行政指导水平。我们的校长、党委书记要从政治家、教育家角度，以行政管理者的身份，遵循教育发展规律，系统和准确地把握学校发展方向，不能仅当一名学术专家。二是提高学校科学管理水平。倡导教授治学、教授治校，让教授参与教育资源分配，让教授、名教授、学术专家担任某个学科发展的领军者、产学研方面的领头羊。这方面，一个顶级人才就能发挥重大作用，促进一个学科大发展，带出一个团队、培养一批人才、获得很多大奖。三是提高教师教育教学水平。进一步优化教师队伍结构，建立健全有利于教师成长、发展的机制，加强教师培训，强化师德师风建设，提高教师队伍整体素质。

（四）坚定不移地强化教育服务能力

一是优化高校和职业学校区域布局。学校布局得好，服务的面就更宽。要把重庆8万平方千米都照应好。二是加快调整学科专业。围绕经济结构和市场需求及时调整新的专业学科，不要总在原来擅长的老学科里打转，最后走进死胡同。三是加强科技创新和产学研结合，创新校企、校地合作。经济发展中最关键的环节就是科研成果产业化。企业发展过程中更要注重吸收和利用教育资源。比如，工业达到2.5万亿销售值，以2.5%的比例作为研发费用，就有750亿。如果企业把这750亿落在自己锅里，除开购买新设备，由企业技术人员内部消耗，就比较浪费。现在的情况就是这样。最理想的状态是，750亿研发经费，250亿用于购买设备、进口关键元器件，250亿用于工程师、技术人员研发，250亿转给学校和科研院所，形成产学研平台，以供各种各样技术人员实验、分析。我们一定要把这件事情做好。

(五)坚定不移地加大教育经费投入

财政性教育投入占GDP4%，是对教育重要性理解程度的问题、是一个诚信问题。市委、市政府的决定，无论GDP增长到多大规模，今后十年，财政性教育投入保持4%比例不变，GDP1.5万亿就是600亿，2020年如果GDP达到3万亿，就是1 200亿。如果硬件不需要投入，就转投软件和研发，转投教育均衡发展、学校内涵建设、增加生均经费、补助贫困学生、提高教育民生水平等各个方面。这样，重庆教育才真正代表未来，代表世界级的发展水平。同时，教育债务要在今后五年彻底化解。现在大专院校200多亿投资，总资产近300亿，欠债70亿，负债率23%，不到30%，总体是安全的。但学校之间发展不均衡，有的学校债务占总资产50%，要严格控制。中职、普通高中负债控制在20%以下。义务教育学校，不管公办还是民办，都不能负债。

(六)坚定不移地加强对教育工作的领导

一个学校的竞争力包括六个方面特征：一是硬件条件。二是产学研和学科带头人，师资条件。三是学生来源。毕业生的素质，一半靠自身，一半靠学校教育。当然，学校水平高，招收的学生素质就高。四是学校经费。五是校园文化。六是领导班子治校。校长、党委书记所构成的领导集体是学校的灵魂。从这个意义上讲，首先要建设好学校领导班子，加强对学校的领导。同时，加强教育系统党团组织建设，发挥组织优势，提高学生思想政治素质，使我们的学生成为又红又专的社会主义事业接班人。

在重庆市教育工作会议上的讲话

中华人民共和国教育部副部长　鲁　昕

（2010 年 12 月 25 日，根据录音整理）

尊敬的黄奇帆市长，同志们：

大家上午好！

今天重庆市委市政府隆重召开全市教育工作会议，贯彻落实全国教育工作会议精神和国家教育规划纲要，全面部署未来十年重庆教育改革和发展的工作，请允许我代表教育部对会议的召开表示热烈的祝贺，向重庆市委市政府和全市广大教育工作者，以及支持教育发展的各界人士，各位领导致以最崇高的敬意。

改革开放以来，特别是直辖以来，重庆市委市政府高度重视教育工作，大力实施科教兴渝的战略，始终把教育摆在优先发展的地位，教育实现了历史性的重大跨越，在西部地区实现了三个率先。一是率先实现全面"普九"；二是率先实现基本普及高中阶段教育，初中升高中比率已经达到 90％以上；三是率先在西部地区实现了大学毛入学率达到 30％，重庆每十万人当中高中阶段在校人数和初中毕业生升入高中阶段的比例均高于全国平均水平。重庆教育发展为加快重庆从人力资源大市向人力资源强市的转型，推动小康社会建设作出了重要贡献，突出表现为四大特点：

第一，坚持优先发展。重庆市委市政府坚持教育优先发展，着力加强对教育工作的领导，尤其是重庆市政府黄奇帆市长对教育的认识极其深刻，对教育富有感情，十分关心青少年的成长，十分关心教育的改革与发展，为教育事业营造了良好的发展环境、政策环境以及机制体制的环境,推动了教育改革发展。重庆市委、市政府倡导县区党委书记、区长做教育书记、教育区长,还大力倡导大中小学唱红歌、读经典等活动,促进中小学思想教育。奇帆市长过去曾分管教育,为教育发展解决了许多全国性的重大难题,担任市长以后仍然一如既往地支持教育,身体力行地做教育市长,始终把教育作为公共支出优先保障,政府从预算内和预算外、预算和决算、中央决算和地方决算等方面优先保障了教育经费,依法实现增长。刚才奇帆市长介绍了2005年以来,仅处理教育方面的遗留问题就达到了400亿。

第二,坚持改革创新。近几年重庆在完善教育管理模式、管理体制等方面进行了全国性的大胆探索,先后推出了一系列创新举措,许多工作都走在了全国前列,为全国教育改革发展,破解难题提供了经验。在义务教育方面,重庆率先化解了"普九"债务,妥善解决了代课教师的待遇问题,率先兑现了义务教育阶段教师的绩效工资。2010年重庆落实教育资金26亿,完成了"校安工程"总量的40%,实现国务院部署的目标,这在全国走在了前列。同时,又建了2 080所寄宿制学校,基本解决了农村留守儿童的问题。在职业教育方面,率先实行中职学生资助政策,在10个县区开展了免费试点,积极进行办学体制机制的改革,探索出了城校互动、资源共享、城乡互动、联合办学等经验,重庆还建立了中等、高等职业教育体系,为全国职业教育体系建设作出了典范,扩大了中职毕业生升入高职的比例。2010年这个比例已经突破了10%,其中中升高的比例是重庆市委、市政府去主动适应产业升级而作出的重大决策。近三年来中职毕业生就业率一直保持在96%,我们更看重中职学生来自贫困家庭、来自农村,这在全国也走在了前面。重庆又率先在完善教育管理体制和民办教育的融资体制,以及民办教育的管理体制、办学机制方面进行了积极探索。最近教育部在重庆经验的基础上,梳理出解决民办教育十大难题,要破解十大难题,这个案例来自于重庆的有60%。重庆又组建了教育的考试院、教育评估院,初步实现了管、办、评分离的模式;创办了教育发展基金委员会,为民办教育和公办教育搭起了融资平台。这些富有创造性的工作,为破解全国教育改革发展的难题,推动教育事业科学发展提供了许多可借鉴的经验。教育部的同志们说，破解教育改革发展的难题到重庆来，探索教育改革发展的体制机制到重庆来，到重庆我们找到了许多办法。

第三，坚持教育公平。重庆将教育作为一项重要的民生工程来抓，大力推进义务教育均衡发展，全市中小学标准化建设已达到了60%，这在全国是走在前列的。率先启动了义务教育督导工作，义务教育均衡发展也取得了实实在在的成效。重庆率先完成了资助贫困学生的体系，在这个过程中不断健全完善各种体制机制，使130万农村留守儿童在这样的体制机制下实现健康成长。重庆又实现了营养工程，建立了警务校警机制，为重庆改善民生提供了强有力的支撑。

第四，坚持统筹兼顾。科学发展观的根本方法是统筹兼顾。这些年重庆始终坚持统筹城乡，重视基础教育、高等教育、职业教育的协调发展，为建立一个合理的人才结构，合理的人力资源强省结构奠定了良好的基础。同时重庆又作为城乡统筹改革综合实验区，在城乡教育统筹改革发展方面进行了积极探索，重庆教育一系列改革和发展举措在全国产生了很大的影响，被媒体曾经称为中国教育的“重庆现象”，其实这个现象就是破解我们国家在现代化、工业化、城镇化的过程中教育改革发展的许许多多难题。重庆教育工作的实践，对全国，特别是西部地区教育改革发展具有重要的示范意义。大家认为重庆引领全国创造教育改革发展的经验，重庆引领全国建立教育实现科学发展的体制机制，重庆也引领全国全面落实教育改善民生的重要措施。前不久党中央、国务院召开了新世纪第一次全国教育工作会议，颁布了国家中长期教育规划纲要，集中体现了党中央对教育发展的深刻认识，丰富和发展了中国特色社会主义教育问题，描绘了未来教育改革的宏伟蓝图，指明了教育事业的方向，也开启了我们国家从人力资源大国向人力资源强国的历史征程。胡锦涛总书记在全国教育工作会议的重要讲话，提出了推动教育事业科学发展的五个必须：必须坚持优先发展，必须坚持以人为本，必须坚持改革创新，必须促进教育公平，必须重视教育思想，这充分体现了党中央坚持以科学发展观统领社会主义现代化建设的全局。五个必须是一个有机整体,集中体现了科学发展观在教育领域的总体要求,贯穿规划纲要其中,也体现了规划纲要的方针,也进一步阐明了工作方针的意义。我们认为重庆教育已经实践的四个坚持,充分体现了全面落实锦涛总书记在教育工作会议上所作出的重要部署。

前不久党的十七届五中全会对"十二五"时期作出了重要部署。"十二五"是深化改革开放,加快转变经济发展的攻坚时期,也是实施国家中长期教育规划纲要第一个关键五年。教育发展在经济社会发展中的作用,就是基础性、先导性、全局性和民生性的作用,我们要主动适应服务和推动经济发展,为全面建设小康社会作出我们的贡献。在全国教育工作会议不久,重庆市委、市政府高度重视,立即召开常委会,传达贯彻全国教育工作会议精神,部署全市教育工作会议和编制重庆教育发展规划。重庆《教育规划纲要》明确提出优先发展、统筹城乡、开放创新、全民教育等五个方面重大战略,突出了统筹城乡、全面发展的理念。重庆城乡二元结构矛盾比较突出,作为全国统筹城乡综合改革配套试验区,这体现了重庆的市情,也充分体现落实胡锦涛总书记提出的"314"总体部署,提出了建立健全统筹城乡教育发展的体制机制,这在全国省市规划纲要中是不多见的。全民教育的提出,有利于完善国民教育体系和终身教育体系的建设,也有利于构建全民社会,符合重庆作为直辖市的定位,重庆规划的二十字方针和五大战略符合重庆发展实际,对全国具有科学性、指导性的意义,也充分体现了市委市政府对教育的深刻理解和科学部署。重庆提出了到2020年实现城乡教育一体化,建成终身学习的学习型社会,把重庆建设成为西部地区教育高地和长江上游地区教育中心,率先进入全国教育强市和人力资源强市的行列,并分别提出了2012年、2015年、2020年的阶段性目标,也具有很强的操作性,也充分体现了市委市政府优先发展教育的坚定决心。

未来十年是重庆在西部地区率先实现优先发展的重要十年,未来五年也是重庆创造国际化五大中心的五年。刚才奇帆市长也讲到,这五大中心其实是重庆在国际化的格局中抢占国际水平、高科技产业制高点的五大中心,我们听了耳目一新。奇帆市长刚刚指出,教育的定位是什么呢？教育是实现重庆目标的支撑，教育是缩小分配差距的基础性举措，这个定位不仅鼓舞重庆人民，也启发全国人民。我们希望在今后，重庆将一如既往地坚持把教育摆在优先发展的战略地位，我们提出以下几个方面的建议。

第一，以建设国家统筹城乡教育综合改革试验区为契机，大胆创新，做深化教育的先行区。全面落实锦涛书记对重庆提出的“314”总体部署，把握教育的总体要求，不断研究教育改革面临的新情况、新问题，为全国不断创造新经验、新典型和新案例。大胆先行先试，积极推进国家教育改革的总体试点所承担的任务，努力探索教育发展的新途径、新举措，为全国统筹城乡教育发展，为全国教育改革发展提供借鉴。

第二，以建设教育发展高地和长江上游教育中心为目标，做西部地区教育改革发展的示范区。始终坚持以科学发展观为统领，牢固树立以全面发展为核心的教育质量观，继续实现科学发展，加快推进城乡一体化教育发展，更好地发挥重庆教育在长江上游地区和西部地区的示范和引领作用。但这个示范和引领不仅是长江上游，希望在全国起到引领作用。首先义务教育难题全部破解，高等教育难题正在破解，职业教育破解已经走在了全国前列，民办教育破解难题给了我们很好的经验，希望今后在国家教育体制改革试点项目上为国家提供更好的案例。

第三，以服务经济社会为着力点，强化教育服务功能，做服务发展的前沿区。在新世纪、新阶段，现代化对教育的需求也日益重要，这将为经济方式的转变提供教育服务，为构建国家创新体系和建设创新型国家、创新型区域、创新型重庆服务，为内陆开放高地、两岸新区建设及重庆一系列重大改革提供更好的服务。这一系列战略的提出，给教育发展提出了新的机遇和要求，希望重庆在以往取得重大成就的基础上，继续更好地为经济社会发展提供强有力的支撑。刚才奇帆市长介绍了两个学院的建设，这两个学院的建立，学科的整合，为重庆高新技术的发展提供了强有力的保障。

第四，以西部大开发为纽带，做西部地区扩大教育开放的实验区。重庆地处长江上游地区,是中西部的重要连接点,也是西部大开发的重要桥头堡,要进一步加大教育的改革力度,发挥示范辐射的作用。同时也要加强与周边省市、长江沿线、沿海地区的交流与合作,不仅实现自己的发展,教育部也希望重庆在推动邻省地区和兄弟省市的发展作出贡献,比如对西部地区、少数民族地区,当然也包括中部地区教育改革发展。也建议重庆抓住建设长江上游综合交通枢纽和国际贸易大通道的有利契机,推动对外开放,吸引境外学校,设立合作教育师训、研究机构等许许多多项目,促进重庆走向世界,也把重庆真正建设成引领全国教育、实现科学发展的重要地区。

教育部将一如既往地关心和支持重庆的教育改革与发展,也希望重庆也将一如既往地不断为教育部的改革发展提供新鲜的经验、新鲜的案例,为教育部制定国家政策,为教育部建设国家制度,为教育部建立国家的机制和国家体制作出重庆市的贡献。教育部也将与重庆市一道共同推进部属高校在重庆的建设发展,也支持部属高校积极参与重庆经济建设和重庆的社会建设,支持重庆教育改革创新和扩大开放,教育部将和重庆共同为实现重庆以及全国的教育现代化而奋斗。

同志们,伟大的时代催人奋进,神圣的使命义不容辞,让我们在以胡锦涛总书记为核心的党中央坚强领导下,谱写教育科学发展的新篇章,为把我国建成人力资源强国,为重庆的发展,为全国的发展,为重庆人民的幸福,为全国人民的幸福作出我们更大的贡献。

第三部分 《教育规划纲要》文本解读

JIAOYU GUIHUA GANGYAO WENBEN JIEDU

第一章　总纲

《重庆市中长期城乡教育改革和发展规划纲要(2010—2020年)》(以下简称《教育规划纲要》)总纲部分是整个规划纲要的统领。包括三节,一是基本形势和任务,二是指导思想和战略,三是基本理念和目标。

第一节　基本形势和任务

这一部分是《教育规划纲要》制定的基础。主要对重庆教育改革发展的现实状况和发展条件进行综合、科学、客观的分析。

一、集中概述了直辖以来重庆教育改革发展的主要成绩

主要体现在“四个三”:即“实现三大跨越”“取得三大突破”“推进三大创新”“作出三大贡献”。直辖以来,在市委、市政府的高度重视下,重庆教育发展迅速,成绩显著,在全国产生了广泛的影响,多次受到中央领导赞扬和肯定。新华社《每日电讯》称之为“中国教育的重庆现象”,教育部部长袁贵仁将之诠释为“西部区位、直辖境界、中国水平、世界眼光”。总体上,重庆市自直辖以来教育改革发展主要取得了以下三个方面的成绩:

一是在西部地区实现三个率先。第一,率先实现全面“普九”,直辖初全市义务教育普及率只有18.87%,中西部最低,2006年实现100%“普九”。第二,率先实现基本普及高中阶段教育,初中升高中比率已经达到90%以上,超过全国平均水平,普通高中和中职学校学生规模达到115万人,比1997年翻两番。第三,各类高校已达61所,在校生规模达80余万人,率先实现高等教育毛入学率达到30%,比直辖之初增长22个百分点,名列西部第一。

二是教育改革走在了全国前列。重庆在完善教育管理模式、管

理体制等方面进行了全国性的大胆探索,先后推出了一系列创新举措,为全国教育改革发展,破解难题提供了经验。在义务教育方面,重庆化解"普九"债务28亿元,成为全国第一个全部偿还"普九"债务的省市。在全国率先以公开招考形式招录农村代课教师为公办教师,解决历史遗留的1万多名代课教师的待遇问题。落实资金49亿元,在全国率先兑现31.7万名义务教育教师的绩效工资。在职业教育方面,重庆率先实行中职学生资助政策,积极进行办学体制机制的改革,探索出了城校互动、资源共享、城乡互动、联合办学等经验,建立了中等、高等职业教育体系,为全国职业教育体系建设作出了典范。在完善教育管理体制方面,组建了教育考试院、教育评估院,形成了管、办、评分离的格局。在完善融资体制方面,重庆创办了教育发展基金委员会和教育担保公司,为民办教育和公办教育搭起了融资平台。在促进民办教育发展方面,出台了促进民办教育发展的十条政策,得到教育部高度肯定,并在全国推广。

三是重庆教育对经济社会的贡献突出。第一,教育为提高重庆市民整体素质作出了积极贡献,全市人均受教育年限从1998年的6.67年上升到9年。第二,教育为重庆经济社会发展提供了有力的人才支撑,近几年,中等职业教育培养技能型人才60多万人,普通高校培养人才43万人,成人高校培养学生近18万人。第三,教育为促进重庆科技进步和地方经济建设产生了重大影响,重庆高校获得国家和市级科研项目奖占全市的65%以上,涌现出了家蚕基因组框架图、工业CT、3G手机核心芯片、乙肝疫苗、幽门螺杆菌、超声波肿瘤治疗系统等一大批拥有自主知识产权的科技创新成果,以西南大学"石柱模式"为代表高校"校地合作"深入推进,促进了区域经济发展和新农村建设。有关研究表明,重庆教育对经济增长总体贡献率达到36.86%。

重庆教育取得的令人瞩目的成绩,是我们制定和实施《教育规划纲要》,推进教育事业科学发展,全面提升市民素质,加快重庆现代化进程的坚实基础。

二、深刻分析了当前重庆教育存在的主要问题

突出表现在"四个方面"。一是提高人才培养质量和科技创新能

力任务迫切。从贯彻落实“314”总体部署和实现重庆产业结构优化升级对各类人才的需求来看，重庆人才供求矛盾仍然比较突出，人才总量不足、结构不尽合理。未来几年，重庆“6＋1”支柱产业，即汽车摩托车、装备制造、天然气石油化工、材料工业、电子信息、能源工业和轻纺及劳动密集型产业需要大量应用型、复合型、高技能型人才。高层次科技创新人才和高层次经营管理人才是重庆人才需求的重点，专业技术人才的短缺是今后较长时期重庆人才供求的主要矛盾。二是教育保障机制有待优化。重庆近年来不断改革完善教育经费保障机制，坚持“三个比例”保增长，努力增加教育经费投入，保证了全市教育财政投入达到了 GDP 的 4%。但与加快建设西部地区教育高地和长江上游地区教育中心的要求相比，教育公共投入仍存在一定差距，多渠道筹措教育经费的机制仍需要进一步优化。三是建设国家统筹城乡教育综合改革试验区任务艰巨。重庆集大城市、大农村、大库区、大山区和民族地区于一体，城乡二元结构突出，城乡差距明显，教育发展也不平衡，农村地区特别是三峡库区和渝东南民族地区的教育发展水平还相对滞后，优质教育资源相对不足，全市重点中学70%以上集中在“一小时经济圈”。四是教育内部改革有待深化。我国实施素质教育已经 20 多年，不断推进教育教学改革和创新，但由于多种因素影响，教育观念落后、教学方法陈旧、教育内容的不适应等问题仍未得到根本改变，影响学生创新能力和社会适应能力的培养。学生的负担特别是城市学生的课业负担依然很重，学生得不到很好的休息，影响身心健康。人才培养模式陈旧，考试招生评价形式单一，学校特别是高校办学自主权不够，教育管理职责不明，教育对外开放力度不够。以上困难和问题，反映出我市教育改革发展的任务依然十分艰巨。

三、全面展望了重庆教育改革发展面临的新机遇

主要有“五大机遇”。一是胡锦涛总书记为重庆发展作出“314”总体部署，给重庆发展定位导航。国务院《关于推进重庆市统筹城乡改革和发展的若干意见》的决定，将重庆发展上升为国家发展战略。

二是深入实施西部大开发战略，成渝经济区的建设，国家批准重庆成为全国统筹城乡综合配套改革试验区，教育部批准重庆为“国家级统筹城乡教育综合改革试验区”，并与重庆市政府签订部市战略合作协议，为重庆教育改革和发展搭建了广阔的平台。三是“五个重庆”、内陆开放高地和国务院在重庆设立“两江新区”特区的决定，加快了重庆经济社会发展和对外开放步伐，为重庆教育改革和发展增添了新的活力。四是党的十七届五中全会和市委第三届七次、八次全委会提出转变经济发展方式，探索民生导向之路，为重庆教育改革和发展开辟了新的空间。五是人民群众期盼接受高质量的教育，渴望教育更加均衡、公平，给重庆教育改革和发展增加了内驱力。以上重大机遇，使重庆教育改革和发展迈上了新的征程。

第二节　指导思想和战略

这一部分是《教育规划纲要》的灵魂。主要指明了重庆教育改革发展的总体方向和基本策略。

一、系统阐述了未来重庆教育改革和发展的指导思想

指导思想明确了五个基本原则。一是必须坚持以中国特色社会主义理论为指导，深入贯彻落实科学发展观。二是必须全面贯彻党的教育方针，始终坚定正确的政治方向。三是必须坚持社会主义办学方向，搞好“两服务”“两结合”。四是必须坚持育人为本，把培养什么人、怎样培养人，作为重庆教育未来发展的根本大计。五是必须坚持教育兴则重庆兴、人才强则重庆强的思想，大力实施科教兴渝、人才强市战略，推动教育事业科学发展，办好人民满意的教育。

二、重点提出了重庆教育改革发展的重大策略方针

“优先发展、统筹城乡、提升质量、开放创新、全民教育”五大战略方针，既是对国家“优先发展、育人为本、改革创新、促进公平、提高质量”20字工作方针的贯彻落实，又有所丰富和深化，体现了重庆的特点。

一是优先发展战略。“优先发展”是根本保证，旨在突出教育的重要战略地位。教育是一个民族最根本的事业。当今社会，知识越来越成为提高综合国力和国际竞争力的决定性因素，人力资源越来越成为社会发展的第一资源。重庆未来的发展，关键靠人才，根本在教育。教育优先发展是党和国家提出并长期坚持的一项重大方针。《教育规划纲要》提出，“坚持把教育摆在优先发展的战略地位，确保教育发展规划优先、财政投入保障优先、公共资源配置优先，建设教育强区强县，提高教育发展总体水平。”

二是统筹城乡战略。“统筹城乡”是基本路径，旨在紧紧围绕落实“314”总体部署，建立健全统筹城乡教育发展的体制机制。重庆作为国家城乡统筹综合改革试验区，要加快实现城乡统筹发展，必须把教育作为缩小贫富差距、城乡差距、东西部差距的突破口和拉动力量，种好统筹城乡大试验区里教育这块“试验田”。《教育规划纲要》提出，“建立健全统筹城乡教育发展的体制机制，合理配置教育资源。加快主城及周边地区教育发展步伐，重点扶持三峡库区、民族地区教育发展，推进城乡教育一体化。”

三是质量提升战略。“质量提升”是核心任务，旨在全面提高教育质量和水平。直辖以来，重庆教育实现了跨越式发展和历史性突破，但与发达地区相比，与重庆经济社会快速发展的要求相比，与建设成为“长江上游地区教育中心和西部地区教育高地”的目标相比，还面临严峻的挑战，特别是教育质量方面仍有较大差距。重庆教育要实现“由大变强”，必须在发展的基础上提高质量，把提高质量作为教育改革发展的核心任务，促进人的全面发展。《教育规划纲要》提出，“更新教育思想和观念，深化人才培养模式改革，坚持文理兼修、知行结合，促进学生文化知识学习和思想品德修养、理论学习和社会实践、全面发展和个性发展的统一，培养一大批多层次多样化，具有社会责任感、创新精神和实践能力的人才。”

四是开放创新战略。“开放创新”是强大动力，旨在加快推进教育改革和开放。改革开放是新时期最鲜明的特点。重庆教育之所以能够实现重大突破，赢得中央领导好评，关键就是不断加大改革力度,开创了教育工作的新局面。成功经验表明,重庆教育要进一步发展,根本还是要靠改革。目前,社会改革进入"深水区",难度大、压力大,矛盾也多,更加需要总结改革开放经验,进一步解放思想、更新观念,改革创新,为教育的科学发展提供动力保证。为此,《教育规划纲要》提出,"扩大教育交流与合作,提高教育对外开放水平,创新教育管理、办学和投融资体制机制,改革考试招生制度与教育评价制度,增强教育活力。"

五是全民教育战略。"全民教育"是价值追求,旨在完善国民教育体系和终身教育体系,构建学习型社会。实行全民教育的目标就是满足全民的基本教育需求,向民众提供知识和技术,引导民众树立正确的价值观和人生观,使他们能自尊、自立地生活,为国家和人类发展作出贡献。全民教育是现代社会民主化、教育民主化的必然要求。故此,《教育规划纲要》提出,"把促进公平作为全市基本教育政策,大力扶持困难群体,依法保障公民受教育的权利。建立各级各类教育沟通衔接机制,建设全民学习、终身学习的学习型社会,保障全体市民学有所教、学有所成、学有所用。"

第三节　基本理念和目标

这一部分是《教育规划纲要》的核心。主要明确了重庆教育改革发展的重大思路和重大任务。

一、提出了"三个着力"的基本理念

着力办好各级各类学校,着力促进学生全面充分发展,着力满足市民终身学习需求。

"三个着力"的教育理念,彰显了两大特点:一是促进教育公平,二是促进人的全面发展。这充分体现了市委、市政府的执政理念和一系列战略部署。教育公平是社会公平的重要基础,是人生公平的起点。"促进教育公平"反映了人民群众的普遍期盼,是教育发展的基本取向。人的全面发展最根本是指人的劳动能力的全面发展,即

人的智力和体力的充分、统一的发展。同时，也包括人的才能、志趣和道德品质的多方面发展。“促进人的全面发展”是全面建设小康社会的一个目标。党的十六大特别是十七大以来，党中央国务院把教育公平放在了更加突出的位置，强调要把促进公平作为国家的基本教育政策。这是改革开放的成果让最广大的人民群众分享的具体体现。

促进教育公平的基本要求是保障每个公民接受教育的权利，关键是机会公平。首先是着力办好各级各类学校，即着力统筹各级各类教育协调发展，建立覆盖城乡的基本公共教育服务体系，重视教育机会公平，重视各级各类学校师资均衡建设。其次是着力促进学生全面充分发展，即坚持以人为本，面向全体学生，全面实施素质教育，让学生得到全面充分发展，保证教育过程的公平。再次是着力满足市民终身学习需求，即建设学习型社会，完善终身教育服务体系，为市民终身学习提供机会和条件。

二、确立了重庆教育发展总体目标

即到2020年，实现城乡教育一体化、教育现代化和教育国际化，形成全民学习、终身学习的学习型社会，把重庆建设成为西部地区教育高地和长江上游地区教育中心，进入全国教育强市和人力资源强市行列。概括起来就是“三化一社会一高地一中心两强市”。

（一）关于“三化”目标

重庆提出的实现教育现代化，是指重庆教育要超越全国平均水平，走在全国前列，逐步向东部地区看齐。同时，结合重庆实际，增加了“城乡教育一体化”和“教育国际化”。形成了“三化”目标。

“基本实现教育现代化，基本形成学习型社会”，是国家规划纲要提出的战略目标。改革开放以来，党中央国务院始终坚持以教育现代化为长期战略目标指引教育改革和发展。1983年，邓小平同志就提出“教育要面向现代化，面向世界，面向未来”。1993年，《中国教育改革和发展纲要》指出，进入21世纪后，要“再经过几十年的努力，建立起比较成熟和完善的社会主义教育体系，实现教育的现代化”。

2002年党的十六大报告提出，教育是发展科学技术和培养人才的基础，要形成比较完善的现代国民教育体系，形成全民学习、终身学习的学习型社会，促进人的全面发展。2007年党的十七大报告强调，要优先发展教育，提高教育现代化水平，建设人力资源强国，建设全民学习、终身学习的学习型社会。重庆要成为长江上游地区教育中心和西部地区教育高地，必须率先实现教育现代化，构建全民学习、终身学习型社会。

党的十六大以来，中央明确提出统筹城乡发展方略。十七大进一步指出要“建立以工促农、以城带乡长效机制，形成城乡经济社会发展一体化新格局”。十七届三中全会作出了《中共中央关于推进农村改革发展若干重大问题的决定》，明确指出，城乡二元结构是阻碍农村发展的基本矛盾，新形势下推进农村改革发展，要把加快形成城乡经济社会发展一体化新格局作为根本要求，到2020年基本建立城乡经济社会发展一体化体制机制。《国务院关于推进重庆市统筹城乡教育改革和发展的若干意见》明确提出要把重庆建设成为城乡统筹发展的直辖市，支持重庆建设国家统筹城乡教育综合改革试验区，形成城乡教育一体化发展机制，教育部和重庆市政府签订的《中华人民共和国教育部重庆市人民政府建设国家统筹城乡教育综合改革试验区战略合作协议》，提出的合作目标就是要推进教育科学发展，提高教育发展水平，健全城乡一体化的公共教育服务体系。重庆市政府印发的《重庆市统筹城乡教育综合改革试验实施方案》也提出，到2020年，形成城乡教育一体化发展机制。由此可见，实现城乡教育一体化既是党中央、国务院的要求，也是重庆教育发展的重大使命。

教育国际化是指在经济全球化、贸易自由化，在国际教育贸易市场开放的前提下，教育资源在国际间进行配置，教育要素在国际间加速流动，教育国际交流与合作日益频繁，世界各国教育相互影响。各国在人才培养目标的确定、教育内容的选择以及教育手段和方法的采用等方面不仅要满足来自本国、本土化的要求，而且要适应国际间产业分工、贸易互补等经济文化交流与合作的新形势。充分利用国内和国际两个教育市场，优化配置本国的教育资源和要素，抢占世界教育的制高点。教育国际化的最终目的是培养具有国际意识、国际交往能力、国际竞争能力的人才。国务院在《关于推进重庆市统筹城乡教育改革和发展的若干意见》中提出的重庆发展五大战略任务之一就是实施扩大内陆开放战略，以开放促改革促发展，把重庆建设成为长江上游地区综合交通枢纽和国际贸易大通道，成为内陆出口商品加工的基地和扩大对外开放的先行区。当前，由于经济的国际化对人才的国际化需求十分迫切，引发后者对教育的国际化需求日益增长。因此，教育国际化是一种客观的必然趋势，需要用国际视野来把握和发展重庆教育，推进教育国际化。

（二）关于"一中心一高地"目标

2004 年 8 月，重庆市第二次教育工作会议明确提出，要努力把重庆建设成为长江上游教育中心和西部教育高地。2008 年 7 月，教育部和重庆市政府签订《中华人民共和国教育部重庆市人民政府建设国家统筹城乡教育综合改革试验区战略合作协议》，将"建设长江上游教育中心和西部教育高地"作为合作目标。2008 年 9 月，重庆市政府《关于印发重庆市统筹城乡教育综合改革试验实施方案的通知》，再次明确"努力把重庆建设成为中国西部地区教育高地、长江上游地区教育中心"。

（三）关于"两强市"目标

胡锦涛总书记指出："推动教育事业在新的历史起点上科学发展，加快从教育大国向教育强国、从人力资源大国向人力资源强国迈进，为中华民族伟大复兴和人类文明进步作出更大贡献。"国家规划纲要提出，到 2020 年"进入人力资源强国行列"。建设教育强国和人力资源强国，是未来 10 年中国教育改革与发展的重大目标。《重庆市中长期人才发展规划纲要》提出，到 2020 年基本建成内陆开放型人才高地和西部人才中心，人才相对拥有量、增长速度、创新能力在西部地区和长江上游地区领先。《教育规划纲要》提出，到 2020 年建成西部地区教育高地和长江上游地区教育中心。实现上述目标必然要求重庆进入全国教育强市和人力资源强市行列。

三、明确教育发展的具体目标

国家教育规划纲要从规模、公平、质量、体系、体制五个方面对教育发展目标进行了具体描述。重庆《教育规划纲要》具体发展目标包含普及水平、资源配置、教育体系、教育制度、服务能力、保障水平六个方面。重庆的教育目标体系既包含了国家的内容,又有重庆自身的特色,具有较强的可行性和操作性,便于落实和考核。

重庆教育发展的总体目标的内涵体现以下主要特征:一是教育普及水平全面提升,二是城乡教育资源优化配置,三是教育体系结构科学合理,四是教育体制机制更加完善,五是教育保障水平显著提高,六是教育服务能力明显增强。

为确保实现教育总体目标,《教育规划纲要》还提出了 2012 年、2015 年和 2020 年三个阶段性目标,并以此推进总体目标实现。

四、科学测算教育发展目标

根据《重庆统计年鉴》公布的各年度人口出生数、重庆市计生委“人口规划”提供的 2009－2015 年重庆市人口出生规划数、现有中小学分年级在校学生数和定性目标任务,并假设人口流动不改变人口年龄结构,进行发展目标测算。

(一)各级教育发展目标的测算

一是幼儿教育(学前教育)的测算。幼儿教育适龄人口数:2012 年 118.28 万人、2015 年 123.6 万人、2020 年 127.47 万人。学前三年毛入园率设定:2012 年,在 2009 年学前教育发展基础上有所提高达 75%;2015 年基本普及学前教育毛入园率应设为 80%;2020 年普及学前教育毛入园率应设为 90%。幼儿在园人数:根据 2012 年、2015 年和 2020 年的学前三年毛入园率和适龄人口数测算出在园幼儿数为 89 万人、99 万人和 114 万人。

二是九年义务教育的测算。适龄人口数:2012 年 337.7 万人、2015 年 351.30 万人、2020 年 380.03 万人。在校学生数:小学和初中属义务教育,适龄人口数即为在校学生数。即:2012 年、2015 年和

2020年在校学生数分别为338万人、352万人和380万人。九年义务教育巩固率:考虑重庆三峡库区移民(100万人)和人口输出城市(外出人口比外来人口多450万人),九年前在重庆入学的,九年后有很大部分不在重庆初中毕业。因此,九年义务教育巩固率不可能太高,设定目标值达到全国平均水平,2012年、2015年和2020年分别为90%、95%和98%。

三是高中阶段教育的测算。适龄人口数:2012年140.05万人、2015年113.78万人、2020年110.66万人。毛入学率设定:2012年,高中阶段教育基本普及,毛入学率接近85%;2015年达到87%;2020年,高水平高质量普及高中阶段教育,毛入学率达到90%。在校学生数:根据学龄人口和考虑重庆的区位优势,每年要招收一定数量的市外初中毕业生。测算出高中阶段在校生,在2012年119万人、2015年120万人、2020年121万人。按普通高中和中职教育“大体相当”原则分别测算出普通高中和中职的在校生规模。

四是高等教育规模和高等教育毛入学率的测算。适龄人口数:2012年226.67万人、2015年231.94万人、2020年191.32万人。在校学生数:从生源情况来看,根据重庆市内生源情况,并考虑到高等教育的广域性和重庆在中西部地区的辐射作用,每年增加为市外培养学生人数,2020年重庆高等教育在校生人数预计达到120万。按照事业发展的可能性,2010年国家计划确定到2020年全国高等教育招生计划年均增长幅度控制在2%以内。重庆作为统筹城乡发展试验区,将以落实教育部与重庆市战略合作协议和国务院3号文件中“继续对重庆高校招生计划适度倾斜”为契机,积极争取国家政策支持。如果研究生按年均6%的增长幅度;普通本科2012年前保持10%的增长幅度,2012—2015年保持5%的增长幅度,2015年后保持2%的增长幅度;普通专科2015年前保持6%的增长幅度,2015年后保持3%的增长幅度;继续教育到2015年按5%的增长幅度,2015年以后按4%的增长幅度。则高等教育在校生人数到2012年达到90.2万人、2015年达到105.4万人、2020年达到122.1万人。综合考虑以上两个因素,并结合重庆发展定位和经济社会发展需要,高等教育在校学生发展目标:2012 年 90 万人,2015 年 105 万人,2020 年 120 万人。高等教育毛入学率:根据高等教育毛入学率的计算公式,初步测算,到 2012 年高等教育毛入学率可达到 34.9%、2015 年 39.8%、2020 年 50.3%。考虑到人口流动性给学龄人口造成的不确定性等多种因素,故将 2012 年高等教育毛入学率目标值设为 35%、2015 年 40%、2020 年 50%。

五是从业人员继续教育的测算。结合近年从业人员培训情况,2012 年从业人员培训设为 300 人万次,2015 年设为 350 万人次,2020 年设为 450 万人次。

(二)具有高等教育文化程度的人口数的测算

重庆市"全国第五次人口普查"公布,2000 年重庆市具有高等教育文化程度的人口数为 86.58 万人;2001 年至 2009 年,重庆教育培养了 91 万人(含普通本专科、成人本专科、自考助学、网络本专科等);直辖后人口聚集效应明显,人口流动较大,粗略测算流入高等教育文化程度人口约 36 万人(年均 4 万人);死亡人口中有 7.4 万人(9 年间 148 万人 * 5%)为受过高等教育人数。由此测算出 2009 年我市具有高等教育文化程度的人口约为 206 万人。

今后每年为重庆培养高等教育文化程度人口 23 万人左右。考虑到人口流动和死亡因素,估计每年新增高等教育文化程度人口 25 万人左右。考虑到重庆市人才发展规划中对高层次人才引进的各种政策,若每年从市外(含海外)再引进受过高等教育人才 10 万人左右,到 2012 年高等教育人口达到 290 万人,2015 年 410 万人,2020 年达到 600 万人。

(三)人力资源开发目标的测算

劳动力(即经济合作人口)为进入劳动年龄的人口(16 岁以上)。

主要劳动年龄人口:指能够从事一定强度要求工作的成年人口,成年人口总数减去法定退休年龄人口数量是主要劳动年龄人口数量。我国通常将 20—59 岁人口作为相应的比较指标。

主要劳动年龄人口平均受教育年限:是指 20—59 岁人口群体中每个人的受教育年限之和与这一人口群体总人口数之和的比例。计算公式:主要劳动年龄人口平均受教育年限=(主要劳动年龄小学毕业人口×6年+主要劳动年龄初中毕业人口×9年+主要劳动年龄高中毕业人口×12年+主要劳动年龄大学毕业人口×16年)/(主要劳动年龄人口)

新增劳动力:是指16岁以上有劳动能力的初次进入劳动力市场的劳动力人口。

新增劳动力平均受教育年限:是指16岁以上有劳动能力的初次进入劳动力市场的劳动力人口群体中每个人受教育年限之和与这一人口群体总人口数之和的比例。计算公式:新增劳动力平均受教育年限=(初中毕业年满16岁未升学的人口×9年+高中毕业未升学的人口×12年+大学毕业未升学的人口×16年)/(初中毕业年满16岁未升学的人口+高中毕业未升学的人口+大学毕业未升学的人口)

根据重庆市"全国第五次人口普查"数据和重庆市统计局公布的各年度出生人口数,及教育资源投入增长情况,借助人口预测模型、教育的学生流预测模型,并考虑各岁人口的存活率,利用人口的移算方法分别测算出各年的各级教育人口数的存量和增量,对重庆市人力资源开发主要目标中的各指标进行系统测算(见《教育规划纲要》重庆市2010—2020年人力资源开发目标一览表)。

重庆市直辖十年来,教育实现了跨越式发展,为重庆经济社会建设培养了大批高素质的人才,同时由于重庆直辖和区位优势,吸引了大批高素质人才来渝工作。2009年,重庆市每十万人口有高等教育文化程度的人数和主要劳动年龄人口平均受教育年限逐步赶上全国平均水平,新增劳动力平均受教育年限略高于全国平均水平。

到2020年,重庆市主要劳动年龄人口平均受教育年限、新增劳动力平均受教育年限将接近东部发达省市,居西部前列;新增劳动力中(含市外引进人才)70%接受过高等教育并经过一定职业技能培训;30%以上曾受过高中阶段教育并且接受过相应的职业技能培训(16×0.7+12.5×0.3=14.95≈15年)。

第二章 优化城乡教育格局

城乡教育布局在城镇化、新型工业化和新农村建设中具有十分重要的作用。合理的城乡教育布局,不仅能满足人民群众子女的就学需求,而且会对社区精神文明建设产生积极的影响,还会对地方的经济社会发展起促进作用。重庆集大城市、大农村、大库区、大山区和民族地区于一体,城乡二元结构突出,教育结构和学校布局不尽合理,农村地区特别是渝东北三峡库区和渝东南民族地区的教育发展水平还相对滞后,城乡、区域、校际之间发展不平衡。缩小教育差距是统筹城乡发展的突破口,是缩小贫富差距的根本举措。本章从三个维度优化城乡教育格局,统筹配置城乡教育资源,着力解决城乡教育均衡发展问题:一是从建设国家统筹城乡教育综合改革试验区的角度,构建城乡教育一体化发展格局。二是从满足城镇化率不断提高和户籍制度改革对教育的需求的角度,规划主城区、区县城、农村三个地域层次的学校布局结构。三是从提升渝东北、渝东南、主城及周边地区教育发展水平的角度,推进区域教育协调发展战略。

第一节 推进城乡教育一体化

统筹城乡发展,教育是一个突破口,也是一种拉动力量。统筹城乡教育综合改革,破解城乡二元教育难题,重点在农村,难点也在农村。通过统筹城乡教育改革试验,在城乡教育规划目标、布局结构、资源配置、政策措施、水平提升等方面逐步推行一体化,实现城乡教育的公平与和谐。

一、主要措施

(一)建设国家统筹城乡教育综合改革试验区

一是“贯彻落实国务院3号文件和教育部与重庆市战略合作协议”,“建立以城带乡、城乡一体、整体推进、均衡协调的教育发展机制”。二是深入开展城乡教育布局结构改革、城乡基础教育改革、城乡职业教育改革、高等教育改革、师资队伍建设制度改革、招生考试评价制度改革、城乡教育信息资源共享机制改革、教育帮扶机制改革、教育经费保障机制改革等9个综合项目试点和40个单项项目试点,不断创新体制机制。三是切实推进国家教育体制改革项目试点,着力解决教育热点难点问题。

（二）加快发展农村教育

一是优化城乡公共教育资源配置,“区县（自治县）政府要把农村中小学、幼儿园建设作为新农村建设的重要组成部分,同步规划,同步建设。”二是“完善城乡教育投入保障机制,新增教育经费优先用于农村教育发展”。三是“完善农村中小学、幼儿园校舍的维护、改造和建设保障机制,加快农村中小学标准化、寄宿制学校和幼儿园规范化建设”。四是“加强农村教师队伍建设,继续实施农村中小学、幼儿园教师特设岗位计划。”五是“加强农科教结合和‘三教统筹’,整合农村职业教育和成人教育资源”。

（三）建立城乡教育良性互动机制

一是“建立健全城市带动农村的教育发展机制”,“推动城乡教育协同并进”。二是“建立健全市级扶贫集团带动扶贫开发重点区县（自治县）教育发展机制”,“有效推进扶贫开发重点区县（自治县）教育事业与经济社会协调发展”。三是“建立健全‘强校’带动‘弱校’发展机制”,“推行和完善城乡学校‘百校牵手’‘结对帮扶’‘捆绑发展’‘名校集团’‘领雁工程’等模式,探索城乡学校共同发展新途径”。

二、基本依据

（一）建设国家统筹城乡教育综合改革试验区是国家使命

党的十七大报告中明确提出统筹城乡发展,推进社会主义新农村建设,解决好农业、农村、农民问题。党的十七届三中全会进一步提出要结束城乡几十年二元社会结构及农村、城市分治的局面,进而形成城乡经济社会一体化新格局。2007年5月,国务院批准重庆开展统筹城乡综合配套改革试验。2008年7月,教育部与市政府签订共同建设国家统筹城乡教育综合改革试验区战略合作协议。2009年1月,国务院3号文件明确支持重庆建设国家统筹城乡教育综合改革试验区。因此,建设国家统筹城乡教育综合改革试验区,既是国家对重庆统筹城乡改革试验的重大战略部署,也是重庆承担的国家使命。同时,还是重庆破解城乡教育二元教育矛盾的一把利器。

(二)加快发展农村教育是缩小城乡教育差距、促进教育公平的必然选择

近年来,市委、市政府坚持把发展农村教育摆在重中之重的地位,出台了一系列均衡发展城乡教育的政策措施,例如,将新增教育经费主要用于农村,积极推进"两免一补",全部免除农村义务教育阶段学生学杂费,高度重视并切实解决农民工子女就学问题等,极大地促进了城乡教育的共同发展。加快发展农村教育,是教育优先发展与公平发展的必然选择,也是提升教育对经济社会整体发展服务能力的必然趋势。

(三)建立城乡互动良性机制是推进城乡教育一体化的必然要求

城乡一体化是我国现代化和城镇化发展的一个新阶段,是指把工业与农业、城市与乡村、城镇居民与农村居民作为一个整体,统筹谋划、综合研究,通过体制改革和政策调整,促进城乡在规划建设、产业发展、市场信息、政策措施、生态环境保护、社会事业发展的一体化,改变长期形成的城乡二元经济结构,实现城乡在政策上的平等、产业发展上的互补、国民待遇上的一致,让农民享受到与城镇居民同样的文明和实惠,使整个城乡经济社会全面、协调、可持续发展。作为城乡一体化的重要内容,城乡教育一体化需要通过建立良性的互动机制,推动城乡教育均衡、协调发展,让农村学生尽可能平等地享有受教育机会和公共教育资源。基于这样的目标,必须构筑促进城乡教育共同发展的制度和政策框架,努力实现优质教育资源广泛共享,探索城乡教育共同发展新途径,提高农村教育的"造血功能",推进城乡教育一体化进程。

三、突破创新

一是建立统筹城乡教育发展机制。配合国家教育体制改革项目

试点的推进工作，建立以城带乡、城乡一体、整体推进、均衡协调的教育发展机制，逐步实现城乡教育规划目标、布局结构、资源配置、政策措施、水平提升一体化。

二是优化农村公共教育资源配置。区县（自治县）政府要把农村中小学、幼儿园建设作为新农村建设的重要组成部分，同步规划，同步建设。保证新增教育经费优先用于农村教育发展，完善农村中小学、幼儿园校舍的维护、改造和建设保障机制。

三是加强农村教师队伍建设。实施农村中小学、幼儿园教师特设岗位计划，联合师范院校，扩大顶岗实习项目的受益面。

四是创新城乡教育帮扶机制。建立市级扶贫集团带动扶贫开发重点区县（自治县）教育发展机制，推进扶贫开发重点区县（自治县）教育事业与经济社会协调发展。

五是加强“三教统筹”。整合农村基础教育、职业教育和成人教育资源，开展农村成人文化教育、实用技术培训和劳动力转移培训，加强农科教结合。

第二节　调整学校布局结构

“314”总体部署、国务院3号文件提速落实，加速了重庆工业化、城镇化进程，促进了重庆户籍制度改革的深入推进。大量农村人口将进入城镇生活，在城镇就读的适龄儿童将会大幅度增长，农村地区生源将逐渐减少。因此，城镇学校大班额现象突出，学校容量严重不足；农村地区生源严重不足，闲置学校逐年递增。为了从根本上解决这些矛盾，需要科学调整学校布局结构。

一、主要措施

（一）调整主城学校布局结构

一是“在城市规划、旧城改造和新区开发中，依法规划、优先建设中小学和幼儿园”。二是“专项规划主城拓展区（内环快速道与绕城高速之间）学校布局，合理设置中小学和幼儿园”。三是“制定‘两江新区'学校布局专项规划"。四是"优化主城中等职业学校布局结构,打造高等教育聚集区"。

(二)调整区县城学校布局结构

一是"把城乡中小学、幼儿园布局与建设纳入区县(自治县)城乡规划统筹安排",并"制定专项规划"。二是"建立生源预测机制","超前布局建设学校,扩大城区中小学、幼儿园数量"。三是"新建普通高中原则上布局在区县城或中心镇。"四是"集中布局和建设中等职业学校,推进职业教育中心与产业园区合作共建"。

(三)调整农村学校布局结构

一是"农村乡镇布局中心幼儿园、中心小学、初级中学和成人文化技术学校"。二是"结合新农村建设,合理布局农村完全小学或村级小学"。三是"生源较少乡镇,布局九年一贯制学校,或邻近乡镇布局初级中学"。四是"交通不便且人口居住分散的边远农村地区和留守儿童较多的地区,因地制宜布局寄宿制学校"。

二、基本依据

(一)调整学校布局结构是适应城镇化率不断提高的需要

《重庆市城乡总体规划(2007－2020年)》中指出:构建"一圈两翼"的区域空间结构,即以都市区为中心的一小时经济圈,以万州为中心的三峡库区核心地带为渝东北翼,以黔江为中心的乌江流域和武陵山区为渝东南翼。一小时经济圈包括都市区及涪陵、江津、合川、永川、长寿、綦江、大足、潼南、荣昌、铜梁、璧山、南川、万盛、双桥等23个区县,东北部地区包括万州、开县、垫江、丰都、忠县、云阳、奉节、梁平、巫山、巫溪、城口等11个区县,东南部地区包括黔江、秀山、酉阳、石柱、彭水、武隆等6个区县(自治县)。到2020年,形成都市区1个特大城市,万州、涪陵、江津、合川、永川、长寿6个大城市,黔江、璧山等25个中等城市和小城市,495个左右小城镇的城镇体系。到2010年,全市总人口3 000万人,城镇人口1 615万人,城镇化水平达到53.8%;到2020年,总人口3 100万人,城镇人口2 160万人,城镇化水平达到70%左右。城乡学校的现有布局的合理性会随着人口迁移而被打破,由此,调整城乡学校布局结构,满足城镇人口子女就学需求，是适应城镇化率不断提高的需要。

（二）调整中小学学校布局结构是解决城镇大班额问题的需要

随着工业化、城镇化进程的加快，城镇学校的容量严重不足，大班额现象特别突出。据统计，全市2009年小学“大班额”有9 717个班，占小学总班数的19%；初中“大班额”有10 981个班，占初中总班数的46%。从区县层面看，小学“大班额”比例10%以下的有13个，初中“大班额”比例20%以下有11个。要彻底解决大班额问题，必须解决城区学校扩容难问题，而要切实解决扩容难问题，就必须调整、优化城乡学校布局结构。

（三）调整高职院校布局结构是建设内陆开放高地的需要

目前，重庆独立设置的25所高职高专院校中，有15所位于重庆主城区，6所分布在经济发展较好的渝西经济走廊，4所分布在三峡库区的万州区和涪陵区，而渝东南民族地区一所都没有。从办学实力来看，办学实力突出的3所国家示范性高等职业院校项目建设单位和3所重庆示范性高等职业院校项目建设单位均分布在主城区，一圈和两翼地区高等职业教育办学实力相差甚远。由此可见，重庆高职高专院校区域布局失衡较为严重。重庆是中国五个特大城市之一，需要大批应用型人才。优化高等职业院校布局，培养大批应用型人才，是重庆经济社会发展的需要，也是建设内陆开放高地的需要。

三、突破创新

一是分层次规划学校布局。遵循“幼儿园、小学就近入学，初中相对集中”的原则，结合新农村建设，按照主城区、区县城、镇乡等层次来规划学校布局。

二是优先规划中小学校与幼儿园。在城市规划、旧城改造和新区开发中，依法规划、优先建设中小学和幼儿园，以满足人民群众主要教育需求。

三是建立生源预测机制。在城市化进程中，依据人口迁移的规律变化，预测学龄人口变化趋势，超前布局建设学校，扩大城区中小学、幼儿园数量，切实解决区县城学校大班额和超大规模学校问题。

第三节 促进区域教育协调发展

重庆“一圈两翼”的区域特点，促生了区域教育发展的特色。同时，主城区及周边地区、渝东北地区和渝东南地区，教育发展水平形成了“金字塔”格局。统筹城乡教育发展的出发点和落脚点，就是缩小城乡教育差距，促进区域教育协调发展。

一、主要措施

(一)推进渝东北地区教育持续发展

一是“落实三峡库区移民后期扶持政策，偿还移民迁建学校债务”。二是“建立学校地质监测机制，整治或迁建地质灾害损毁学校”。三是“推进三峡库区职业教育与技能培训试验区建设，打造移民职业教育、技能培训基地”，“建设长江上游特色经济走廊”。四是“支持渝东北地区发展高等教育”。五是“促进生态环境保护和旅游事业发展”。

(二)提升渝东南地区教育发展水平

一是“推进民族特色职业教育发展，适度发展高等职业教育”。二是“完善支援民族地区教育发展的帮扶政策”。三是“在渝高等学校按照国家政策对民族地区实行招生政策倾斜，适度增加少数民族预科招生院校和专业”。四是“推动特色经济和民俗生态旅游发展”。

(三)促进主城及周边地区教育协调发展

一是推进大学城建设，建设适应大都市发展需要的高等教育园区。二是推进职业教育园区建设，提升职业教育基础能力，建立以主城、区域中心城市为依托，以专业集群为特色的职业教育基地。三是建立转户进城居民终身学习机制，为进城务工人员搭建学习平台。

二、基本依据

(一)区域教育发展水平决定了推进区域教育协调发展的必要性

目前，重庆市内“一圈”地区经济高度集中，资本、产业密集度高，基础设施较完善，科研力量雄厚，23个区县，规划面积2.87万平方千米，近六成的人口和近八成的生产总值，城市化率达到60%，是重庆条件最好、发展潜力最大、对重庆全局和长远发展作用最为关键的地区，集中了大量、优质的教育资源。“两翼”——渝东北、渝东南地区，是我市区域发展的“短板”，城市化率约为25%，农业人口多，投入产出偏低，农业比较集中。渝东南地区，涵盖近300万常住人口和全市近1/4的幅员面积，2009年人均GDP仅为“一圈”的43%左右，教育水平相对落后。构建区域教育协调发展新格局，要着眼于“领头领跑”，加快建设“一小时经济圈”，努力使其成为西部地区重要增长极的核心区域、长江上游地区经济中心的主要载体、城乡统筹发展直辖市的战略平台。“两翼”在全市区域发展大格局中占有重要地位，要进一步加大扶持力度，帮助提升其教育实力，推动其充分发挥自身优势加快发展。

（二）区域教育的特色决定了推进区域教育协调发展的可行性

职业教育是重庆经济社会发展的重要助推器。职业教育必须从统筹城乡发展的高度进行大胆创新，要从城乡分割走向城乡统筹，城市的职业教育要打开城门，农村职业教育也要走出农村，城乡职业教育齐心协力，共同促进农村劳动力的转移。根据重庆“一圈两翼”整体发展战略，着力把“一圈”加快建成西部职业教育高地、长江上游技能人才中心的主要载体，大力促进“两翼”职业教育发展，以专业为纽带加强“一圈”与“两翼”、城乡之间的区域协作，构建起适应重庆城乡统筹发展的现代职业教育网络体系。三峡库区职业教育与技能培训试验区建设将有效转移新增劳动力和富余劳动力。构建区域教育发展格局，必将促进渝东北地区建成长江上游特色经济走廊、长江三峡国际黄金旅游带、长江流域重要生态屏障，促进渝东南地区建成武陵山区经济高地、民俗生态旅游带、扶贫开发示范区。

三、突破创新

一是建立渝东北地区教育持续发展机制。落实三峡库区移民后期扶持政策，偿还移民迁建学校债务。建立学校地质监测机制，整治或迁建地质灾害损毁学校。支持渝东北地区发展高等教育，以适应区域经济发展所需。

二是创新渝东南地区教育帮扶机制。坚持支援渝东南民族地区教育发展的帮扶政策，在渝高等学校按照国家政策对民族地区实行招生政策倾斜，适度增加少数民族预科招生院校和专业。

三是打造特色职业教育基地。支持民族特色职业教育发展，推进职业教育园区建设，建立以主城、区域中心城市为依托，以专业集群为特色的职业教育基地。

第三章 加快教育发展步伐

随着经济全球化对人才的竞争日益加剧和我市经济社会的快速发展，各行各业对人才的需求无论从数量还是质量上都提出了更高要求。加快教育发展步伐，努力培养更多适应经济社会发展需求的高素质人才，是新时期教育事业面临的重要任务。按照党的十七大报告提出的要完善现代国民教育体系，形成终身教育体系的要求，本章主要从学前教育、义务教育、高中阶段教育、职业教育、高等教育、继续教育、民族教育和特殊教育这七个方面，结合重庆教育发展实际，提出了加快发展的政策措施。

第一节 积极普及学前教育

学前教育关系千家万户的幸福和千百万儿童的健康成长，是一个人终身发展的奠基工程，将学前教育作为国民教育体系的组成部门，列为单独一个板块进行战略部署，既是贯彻落实党的十七大报告和科学发展观的重大举措，也是促进各级各类教育协调发展，全面提升市民素质和综合竞争能力，实现建设人力资源强市的必然要求。

一、主要措施

为加快学前教育发展，《教育规划纲要》重点针对解决当前学前教育存在的问题和保持可持续发展，提出了如下主要措施：

（一）确立学前教育的重要地位与发展思路

针对当前学前教育的地位不够明确，重视不够的问题，《教育规划纲要》指出："学前教育是国民教育体系的重要组成部分，是重要的社会公益事业"，从而明确了我国学前教育的发展定位。在学前教育的发展思路上，提出了"坚持公益性、普惠性原则和政府主导、社会参与、公办民办并举的办园体制,构建覆盖城乡的学前教育公共服务体系”。这是对学前教育的发展原则、办园体制以及发展目标进行了明确的界定。

(二)提出了加强学前教育师资队伍建设的具体措施

《教育规划纲要》将学前教育专业师资队伍建设摆在突出位置,针对解决学前教育的师资问题提出了“完善学前教育师资培养、培训体系,规范学前教育教师准入程序,落实学前教育教师地位和待遇,提高学前教育教师队伍专业化水平”等措施。

(三)提出了扩大学前教育资源的七条举措

一是渝东北、渝东南地区和乡镇将幼儿园作为新农村公共服务设施统一规划,优先建设。二是探索乡镇中心幼儿园下设村级园(班)的办园模式,利用中小学和其他公共闲置资源改建幼儿园。三是改善农村幼儿园保教条件,配备基本的保教设施。四是支持街道、有条件的企事业单位及团体举办幼儿园。五是通过购买服务、减免租金、以奖代补、派驻公办教师等方式,支持社会力量办园,提供普惠性服务。六是城镇小区的幼儿园作为公共教育资源由当地政府统筹安排,举办公办幼儿园或委托办成普惠性民办幼儿园。七是城镇小区未配套建设幼儿园的,按国家有关规定配套建设幼儿园,新建小区配套幼儿园应同步规划、同步建设、同步交付使用。

(四)提出了加强幼儿园规范化建设五项措施

一是改善办园条件。《教育规划纲要》提出了“加快幼儿园基础设施建设,确保基本办园条件”的要求。二是进一步规范管理。提出了完善学前教育管理制度,实行幼儿园准入制度,加大对幼儿园的管理力度和对违规办园、违规收费的治理力度等措施。三是加强安全保障。提出要加强幼儿园安全设施建设和安全保障工作,严防事故发生。四是提高学前教育质量。提出了建立行业自律、教育部门监管、家长和社会监督的幼儿园质量监控体系。五是强调科学保教。提出要遵循幼儿身心发展规律,坚持科学保教方法,防止和纠正学前教育小学化倾向等措施,促进幼儿快乐健康成长。

二、基本依据

多年来，无论是国家层面还是地方政府对学前教育的发展都没有引起足够重视，在经费投入、教师配备、教学管理以及教育质量等方面缺乏监管，导致办园条件简陋，大班额突出，安全事故频发，专业教师缺乏，幼儿教师待遇缺乏保障，教育质量难以保证等等，严重影响了幼儿身心健康发展。幼儿教育作为其他各类教育的基础和奠基工程，对于幼儿的一生发展具有重要意义。强化和落实政府在学前教育事业发展中的责任有利于确保幼儿园的公益性和促进幼儿教育均衡、科学、健康发展。因此《教育规划纲要》首次把学前教育作为单独板块，放在与其他各类教育同等重要的位置，明确了坚持公益性和普惠性原则和“政府为主导、社会参与、公办与民办并举”的发展思路。体现了重庆规划纲要的前瞻性以及市委市政府加快学前教育事业发展的决心。

三、突破创新

一是把学前教育发展摆在了突出位置。学前教育对于幼儿的行为习惯、生活习惯、卫生习惯、学习习惯、智力发展和身心发展具有重要意义，本《教育规划纲要》首次把学前教育从基础教育板块中分离出来，摆在了与其他各类教育同等重要的位置，提出了相应的发展思路和发展举措，体现了政府对学前教育的高度重视。

二是明确了各级政府办好学前教育的重要职责。《教育规划纲要》强化了政府办好学前教育的责任，提出了扩大学前教育资源，规范学前教育管理；加强学前教育基础设施建设，改善办园条件；实行办园准入和教师资格准入，确保人员编制和经费等要求与措施。这些措施的落实，对于保证学前教育的快速健康发展具有重要意义。

三是强调学前教育的公益性与普惠性。坚持学前教育公益、普惠的价值取向，才能从实质上保证学前教育资源的合理扩大，并向农村地区倾斜，才能有效地解决“入园难、入园贵”等热难点问题，使广大人民群众能够真正享受到国家普及学前教育的好处。

第二节 均衡发展义务教育

义务教育是国家依法统一实施，所有适龄儿童都必须接受的教育，是国民教育的基础，是基础教育的核心。《教育规划纲要》立足统筹城乡协调发展实际，从如何高水平普及、如何推进均衡发展，如何解决城镇化进程中面临的两大弱势群体的就学问题以及社会关注的中小学生课业负担过重等问题提出了具体措施。

一、主要措施

(一)高水平普及义务教育

针对如何高水平普及义务教育的问题从三个方面提出了具体措施。一是进一步改善办学条件。《教育规划纲要》提出“义务教育学校大力改善城乡学校办学条件，实现义务教育阶段学校办学条件标准化”。二是进一步提高教师队伍水平。提出了加强教师专业化建设，配足城乡学校教师并提高学历层次，健全教师专业发展与水平提升评价体系。三是进一步提高教育质量。提出了加强义务教育教学体系建设，稳步推行小班教学，以及科学安排学生学习、生活、运动及休息时间，保障学生每天锻炼一小时，促进学生健康成长等措施。

(二)推进义务教育均衡发展

《教育规划纲要》从三个方面明确了推进义务教育均衡发展的具体措施。一是建立推进体制。《教育规划纲要》提出要建立健全义务教育均衡发展推进机制、保障机制、督导评估机制，率先实现区县(自治县)域义务教育在教育投入、办学条件、师资队伍、管理水平、教育质量等方面基本均衡，逐步向更大范围推进。二是合理配置资源。《教育规划纲要》提出要合理配置教育资源，重点向贫困地区、边远山区和薄弱学校、农村学校及弱势群体倾斜，逐步缩小同一区域义务教育学校之间办学水平和教育质量的差距，有效化解择校矛盾。三是发挥带动作用。《教育规划纲要》提出了加快薄弱学校发展的思路，即要全面加强乡镇中心校建设，充分发挥其指导、辐射作用，提升村小办学水平。

（三）解决两大特殊群体就学问题

针对解决转户进城市民子女和进城务工人员子女平等接受义务教育的问题，《教育规划纲要》提出了“坚持以输入地政府管理为主、以全日制公办中小学接收为主，安排转户进城市民子女和进城务工人员随迁子女依法平等接受义务教育”的措施，保证转户进城市民子女和进城务工人员随迁子女初中毕业后参加升学考试享有与城市学生同等的权利。针对农村留守儿童的就学问题，提出了建立政府、学校、家庭、社会多方联动的农村留守儿童培养关爱机制；完善农村寄宿制学校设备设施，加强生活管理和卫生保健人员配备，为农村学生提供鸡蛋、牛奶和营养午餐；设立农村贫困留守儿童扶助资金，推行“代理家长”“亲情代管”等农村留守儿童管理模式以及“探索建立公益性农村留守儿童校外托管机构”等措施。

（四）减轻中小学生过重课业负担

针对社会关注的中小学生课业负担过重的问题，明确了减轻中小学生过重课业负担是全社会的共同责任，在具体解决措施上提出：一是要坚持标本兼治、综合治理，推进人才评价、教育质量评价和考试制度改革。二是各级政府要建立学生课业负担监测、举报、公告和问责制度，不得以升学结果作为评价学校的唯一标准，各种考级和竞赛成绩不得作为学生入学与升学的依据。三是进一步规范补习机构和教辅市场。四是学校要克服单纯以考试成绩衡量学生学业和评价教师业绩的倾向，严格按照国家规定设置课程和安排课时，严格控制作业量和考试次数。五是要发挥家庭教育在青少年成长过程中的重要作用，与学校教育通力合作，共同减轻学生课业负担。

二、基本依据

（一）高水平普及义务教育是当前及今后一段时期的重要任务

从全国的情况看，经过近十年的努力，义务教育基本实现了全面普及的目标，进入了巩固提高阶段。我市是全国率先实现普及九年义务教育目标的省市之一，2007 年义务教育的各项指标达到国家规定标准，但这仅仅是一种低水平的普及，仍然存在一些问题。一方面农村学校师资薄弱、硬件条件差的现状没有得到根本改变；另一方面，随着城镇化建设的推进，到 2020 年我市城镇人口的数量将达到 2 200多万，大量农村人口涌入城镇，城镇教育资源与教育需求的矛盾仍将进一步突出，因此大力改造农村和城镇薄弱学校，扩大城镇学校容量，进一步提高普及水平仍然是义务教育中长期发展的重要任务。为此《教育规划纲要》从进一步改善城乡学校办学条件、提高教师队伍水平和深化义务教育教学体系改革，提升教育质量的角度提出了具体措施。

（二）推进义务教育均衡发展是重庆市统筹城乡教育发展的关键

推进义务教育均衡发展是义务教育的重中之重，重庆城乡二元结构矛盾突出，推进均衡发展具有十分重要的现实意义。目前我市义务教育存在的主要问题是城乡教育资源配置不均衡，农村学校的办学条件较差，师资力量薄弱，教学水平较低。城市义务教育阶段学校总体容量不足，大班额现象比较严重，随着城镇化建设的推进，进城务工人员随迁子女的就学问题日益突出等。为此，《教育规划纲要》针对这些问题从三个方面提出推进义务教育均衡发展的具体措施。一是建立健全义务教育均衡发展推进机制、保障机制、督导评估机制，率先实现区县（自治县）域义务教育在教育投入、办学条件、师资队伍、管理水平、教育质量等方面基本均衡。二是合理配置教育经费、教师、校舍、设备等教育资源，重点向贫困地区、边远山区和薄弱学校、农村学校及弱势群体倾斜，逐步缩小同一区域义务教育学校之间办学水平和教育质量的差距。三是全面加强乡镇中心校建设，充分发挥乡镇中心校的指导、辐射作用，以强带弱，提升村小办学水平。

（三）推进城镇化建设必须着力解决特殊群体就学问题

随着城镇化建设的推进，转户进城市民子女和进城务工人员子女以及农村留守儿童接受义务教育的问题必然成为发展中面临的重大问题。这些特殊群体子女就学问题是否得到妥善解决，关系教育公平和社会和谐稳定。按照目前农转城的推进速度，“十二五”期间将有近 1 000 万农村人口转为城镇户口，他们的子女就学问题将日益突出，如何确保这些特殊群体的受教育权利更是当务之急。为此，《教育规划纲要》提出了坚持以输入地政府管理为主、以全日制公办中小学接收为主等办法，保证转户进城市民子女和进城务工人员随迁子女依法平等接受义务教育。针对农村留守儿童的就学问题，提出了建立关爱机制、完善农村寄宿制学校设备设施、设立农村贫困留守儿童扶助资金等措施。

（四）减轻中小学生过重课业负担是当前的民生问题

中小学生课业负担过重是老百姓反映的焦点问题，减轻中小学生过重课业负担既是符合民意，克服应试教育弊端，促进中小学生身心和谐、全面健康发展的现实需要，也是尊重教育规律和人的生长发育规律，加强学生创新意识、创新精神、创新能力培养的客观要求。因此《教育规划纲要》从标本兼治的角度，提出了减轻中小学生过重课业负担的五条措施。包括：一是推进人才评价、教育质量评价和考试制度改革；二是建立学生课业负担监测、举报、公告和问责制度；三是规范补习机构和教辅市场；四是学校严格按照国家规定设置课程和安排课时，严格控制作业量和考试次数；五是家长配合减轻学生课业负担等等。上述措施从政府、学校、家长、培训机构等方面进行规范，从源头上解决了中小学生课业负担过重的问题，抓住了问题的关键所在。

三、突破创新

一是重视解决民生和教育公平问题。《教育规划纲要》将解决转户进城市民子女和进城务工人员子女平以及农村留守儿童接受义务教育的问题摆在了重要位置，制定了专门的措施和办法，既体现了对民生问题的关注，有利于推进教育公平，同时也体现了政府在推进城镇化建设进程中的战略眼光。

二是采取积极措施减轻中小学生过重课业负担。针对社会普遍关注的中小学生课业负担过重的问题，从政府、学校、家长以及社会等层面提出了五条举措。这五条措施既有治标的内容，又有治本的内容，这既是在推进素质教育方面提出的重要举措，同时也是对群众关注的热点问题作出的积极回应。

第三节　全面普及高中阶段教育

高中阶段教育是在义务教育基础上进一步提高国民素质,面向大众的高级中等教育,是提高我市主要劳动年龄人口人均受教育年限的关键。《教育规划纲要》从推进普及、加快学校建设和支持学校多样化发展三个方面提出了具体措施。

一、主要措施

(一)推进高中阶段教育普及

提出了推进普及的整体思路:即以扩大规模、调整布局、优化结构、提高质量、特色发展为重点,整体提高高中阶段教育发展水平。主要有三项工作要点:一是加快发展三峡库区和民族地区高中阶段教育。二是统筹普通高中教育和中等职业教育协调发展。三是提高特殊教育学生接受高中阶段教育的比例。

(二)加快高中阶段学校建设

提出了"以改扩建为主、适度新建为辅"的建设原则,紧扣三方面的工作重点:一是要抓好高中阶段学校设施设备和师资队伍建设。二是要建设一批高水平示范性普通高中学校。三是要加快推进农村薄弱高中学校的标准化建设。

(三)支持普通高中多样化发展

围绕支持高中阶段学校多样化发展提出了四项措施:一是要在全市打造一批特色普通高中学校。二是要改革培养模式,提供多元化学习选择机会,满足不同潜质学生的发展需求。三是要探索发展普职结合的综合性高中学校。四是要加强高中教育与高等教育的衔接,为学有余力的学生开展拓展性学习提供资源。

二、基本依据

(一)推进高中阶段教育普及是中长期教育发展的重要任务

加快高中阶段教育是提升我市市民整体素质的关键。目前我市人均受教育年限为 8.8 年，低于全国平均水平，不能满足产业结构调整和经济社会发展需要。在普及九年义务教育之后，需要大力发展高中阶段教育来提升人力资源的总体水平。因此推进高中阶段教育普及是我市中长期教育发展的重要任务。《教育规划纲要》基于三峡库区和少数民族地区高中阶段教育相对主城区高中阶段教育薄弱、落后的现实，提出普及高中阶段教育重点是加快三峡库区和少数民族地区高中阶段教育，对于提高三峡库区和少数民族地区高中阶段教育质量具有重大意义。

（二）加强高中阶段学校建设是加快高中阶段教育发展的关键

目前我市 40 个区县中每 10 万人平均普通高中数超过 1 所以上的有 11 个区，除万州区外全部集中在“一圈”；“两翼”大部分地区低于全市平均水平。每 10 万人拥有学校最多的沙坪坝有 2.4 所，最少的秀山县只有 0.3 所，相差 8 倍。各区县高中学校办学条件参差不齐，全市平均每百名普高学生拥有计算机比相差 4.5 倍之多，一些区县的图书、音体美器材严重缺乏。在城镇化建设进程中，城乡结合部严重缺乏高中学校。因此《教育规划纲要》提出的“抓好高中阶段学校设施设备和师资队伍建设；建设一批高水平示范性普通高中学校以及加快推进农村薄弱高中学校的标准化建设”具有非常重要的现实意义。

（三）支持普通高中多样化发展是全面提升高中学生综合素质的现实需要

提升高中阶段教育质量，加强内涵发展是符合世界中等教育发展趋势的必然需求。围绕支持普通高中学校多样化发展，《教育规划纲要》提出了四项措施：一是要在全市打造一批特色普通高中学校，发挥这些学校的示范带动作用，改变培养模式单一的局面。二是改革课程教学体系，通过开设不同类型的课程和教材，为学生提供多元化学习选择机会，满足不同潜质学生的发展需求。三是实施高中办学模式改革，充分利用职业教育资源，整合社会各方面的力量，探索发展普职结合的综合性高中学校。四是注重高中教育与高等教育的衔接，为学有余力的学生开展拓展性学习提供资源。通过这些措施，为高中阶段学生全面发展构建多元、完善的途径。

三、突破创新

一是突出了高中学校建设对于经济落后地区的现实意义。在肯定了普及高中教育对于提升市民整体素质有重要意义的基础之上，强调了高中学校建设对三峡库区和少数民族地区经济建设与社会发展的现实意义，做到了全盘统筹、突出重点。

二是提出了普通高中多样化发展的理念和具体举措。明确提出了高中阶段学校发展多样化的理念，对高中阶段学校发展定位的方向性调整。其中提出的推进特色高中建设，支持普通高中培养模式多样化，满足不同潜质学生的发展需求等措施，既符合人才培养的基本规律，又满足了多样化人才培养的需要。鼓励普通高中增设职业教育内容，探索发展普职结合的综合高中等措施，则有利于加快高中阶段学校发展，构建人才培养立交桥。

第四节　大力发展职业教育

职业教育是经济社会发展的重要基础和教育事业的战略重点，对于推动经济发展、促进就业、改善民生以及缓解劳动力供求矛盾具有十分重要的意义。《教育规划纲要》从提升职业教育地位、加强基础能力建设以及提升人才培养水平三个方面提出了具体措施。

一、主要措施

(一)围绕提高职业教育地位《教育规划纲要》提出了四条举措

一是要求各级政府要把职业教育纳入经济社会发展和产业发展规划。二是实施免费中等职业教育，进入中等职业学校就读的农村学生可转为城镇户口。三是搭建校企合作平台，依托行业、产业园区推进职业教育集团化办学。四是建立重庆市技能型人才储备库，鼓励企业设立优秀技能型人才特殊津贴，对做出重大贡献的高技能人才给予奖励并授予荣誉称号，提高技能型人才的地位和待遇。

(二)提出了加强职业教育基础能力建设的五项措施

一是加强国家级、市级示范中等职业学校、示范或骨干高等职业院校和优质特色学校建设。二是围绕重庆产业结构调整,加强职业院校专业结构调整以及专业建设的统筹规划和指导。三是加强职业教育示范专业和精品课程建设。四是推进区域性、开放式、资源共享型实训基地建设,形成以综合性实训基地为龙头,专业性实训基地为骨干的实训网络。五是加强"双师型"教师队伍建设,提高职业教育教师专业知识和技能水平。

(三)提出了提升技能型人才培养水平的五项措施

一是加强职业院校内涵建设,积极培育优势、特色专业。二是改革职业院校学生成绩评价方式,强化学生实习实训动手能力培养,全面推行"双证制",提高学生技能水平。三是构建中等职业教育、高等职业教育、应用技术本科教育、专业硕士培养相衔接的现代职业教育人才培养体系。四是完善职业院校毕业生升学制度。五是建立企业接收学生、教师实习实训和教师培训制度,定期开展职业技能竞赛。

二、基本依据

(一)提升职业教育地位必须采取措施增强职业教育的吸引力

大力发展职业教育是走新型工业化道路,实现社会主义现代化的迫切需要;是解决三农问题,建设社会主义新农村的客观需要;是促进社会就业改善民生的现实需求;也是调整教育结构,完善国民教育体系的必然要求。近年来虽然我市在职业教育发展方面取得了突出成绩,但职业教育的地位需要进一步强化,成果需要继续巩固和推广。重庆在加快新型工业化、城镇化和农业现代化进程中,为了实现经济社会发展战略目标,需要大量高素质技能人才,而目前我市的技能人才尚存在较大缺口。据统计,2010 年农村技能人才需求缺口 1 万人左右,第二产业缺口数达到 40 万人,第三产业 6 万人左右。同时由于目前职业教育普遍存在办学定位不准确、专业设置重复、缺乏办学特色、办学条件差、人才培养质量不高、与区域经济发展不适应等问题,造成职业教育在社会上的地位和认同度还不高,导致广大学生及其家长把读职业学校看成是"无奈的选择"。需要政府通过推行用人制度改革,提高技能人才的待遇,增强职业教育的吸引力,推动职业教育的健康发展。为此,《教育规划纲要》从强化政府责任、鼓励社会参与以及建立技能型人才培养和使用的激励机制等方面提出了具体措施,以强化和落实职业教育地位,增强职业教育的吸引力。

（二）加强职业教育基础能力建设是加快职业教育发展的基础

目前重庆市职业院校在区域分布上过于集中,存在“两极”(主城区和永川区)态势,在广阔的渝东南和渝东北“两翼”地区分布的职业院校太少,尤其是高职院校的分布数量更少;面向第二、第三产业的职业院校相对多些,而面向服务第一产业较少;职业院校开设专业覆盖面较窄,涉农专业更少。据统计,重庆市职业院校的农林牧渔类专业只开设了6个,不能满足统筹城乡发展和农民对农业科技教育和培训的需求。因此,《教育规划纲要》提出要调整职业院校专业结构,加强对专业建设的统筹规划和指导,为重庆产业结构调整服务。为整体提升我市职业教育发展水平,发挥示范职业院校的带动辐射作用,《教育规划纲要》提出了加强国家级、市级示范中等职业学校、示范或骨干高等职业院校和优质特色学校建设的举措,有利于发挥以点带面的作用,带动区域内职业院校改革发展。

加强职业教育“双师”型结构师资队伍建设,是深化职业院校内涵建设的重要内容,是职业教育突出专业技能培养特点的客观要求。从事职业教育特别是专业课教学的教师应具有一定时间的实践工作经历,具备理论和实践教学能力的双师素质,才能较好胜任职业教育的教学要求。根据2008年重庆市教育事业统计分析资料,重庆市高职院校“双师”型教师占专业课专任教师比例仅有42%,中等职业学校仅有34%,距职业教育对“双师”型结构的师资队伍要求还有较大差距。加强“双师”型教师队伍建设,提高职业院校教师专业教学教育水平,是提高教学质量和技能人才培养水平的重要举措之一。通过校企合作,加大在职教师培训力度,建立教师到企业参与实训制度,完善校企专职兼职教师聘用机制,着力提升重庆市职业院校师资队伍的职业素质,是改善重庆市职业教育师资队伍“双师”型结构的重要举措。

(三)提升技能型人才培养水平是适应经济社会发展需求的必然要求

为区域经济社会发展、产业发展提供技能人才支撑，提高全民劳动者素质是职业教育的社会责任，具有明显的区域性和经济性。目前我市职业院校在办学规模、质量、结构、效益与区域经济社会发展需求不一致的矛盾比较突出，因此《教育规划纲要》提出要加强职业院校内涵建设，积极培育优势、特色专业，同时要改革职业院校学生成绩评价方式，强化学生实习实训动手能力培养，全面推行“双证制”，提高学生技能水平，具有很强的针对性。

目前，我市职业教育人才培养体系还不完善，不同职业教育层次之间的衔接沟通不畅。为此《教育规划纲要》按照国务院《关于大力推进职业教育改革与发展的决定》中提出的“加强中等职业教育与高等职业教育，职业教育与普通教育，成人教育的衔接与沟通，建立人才成长‘立交桥’”的要求，提出了“构建中等职业教育、高等职业教育、应用技术本科教育、专业硕士培养相衔接的现代职业教育人才培养体系，完善职业院校毕业生升学制度”等措施，符合当前职业教育发展和经济社会发展的实际，具有一定的前瞻性。

三、创新突破

一是提出了构建职业教育体系的新思路。《教育规划纲要》对构建职业教育学生的培养体系和发展通道提出了具体要求，即将职业教育作为一个相对独立的体系，明确提出了“构建中等职业教育、高等职业教育、应用技术本科教育、专业硕士培养相衔接的培养体系，加快高技能型人才培养”。这是对原有职业教育体系的创新和突破，有利于为经济社会发展培养学历层次相对齐备的技能型人才。

二是提出了提高职业院校学生培养质量的措施。《教育规划纲要》高度关注职业教育学生的培养质量问题，提出了加强职业院校内涵建设，提高学生技能水平和综合素质，设立优秀技能型人才特殊津贴，对作出重大贡献的高技能人才实行激励等措施。这是立足于重庆市未来经济发展对人才质量要求的新举措，具有很强的现实意义。

第五节　提升高等教育综合实力

加快高等教育发展,进一步提升高等教育综合实力,全面提高高等教育质量是建设人力资源强市和创新型国家的重要途径。对于满足我市产业结构调整及人才需求,促进经济社会快速、健康发展具有重要意义。目前我市高等教育存在高水平大学不多,办学特色不鲜明,学生培养质量有待提高以及对经济社会贡献度不高等方面的问题,为此《教育规划纲要》从推动内涵发展、增强办学特色、提高教育质量以及提升服务能力等方面提出了相应的措施。

一、主要措施

(一)提出了加强高等教育内涵建设的思路和举措

《教育规划纲要》提出了以重点学科为引领积极发展研究生教育,以特色专业为主导稳步发展本科教育,以培养动手能力为核心大力发展高等职业教育的思路。在具体举措上提出了支持"985 工程"学校加快建成国际知名大学,推进"211 工程"学校高水平发展,建设一批在全国同类院校中特色鲜明、水平领先的大学,建设一批在国内具有较强影响力的高等职业院校等措施。

(二)提出了进一步优化结构和办出特色的四项措施

一是加强大学城"五个一体化"建设,优化区域中心城市高等学校布局,增设农林、环保、中医药、艺术、体育等高等学校。二是鼓励和支持各类高等学校在不同层次、不同领域办出特色,形成层次分明、优势突出、相互促进的高等学校结构体系。三是推进高等学校重点学科建设,构建国家、市级、学校三级和基础、应用、交叉新兴学科三类的学科体系。四是围绕国家战略性新兴产业发展和重庆工业化、城镇化、城乡一体化进程,建立专业设置与市场需求信息监测预警机制,调整高等学校专业结构,大力扶持各高等学校优势和特色专业,加强国家级、市级特色专业建设。

（三）提出了提高人才培养质量八项举措

一是建立有利于各类创新人才脱颖而出的体制机制。二是深化高等学校教学改革，强化实践教学环节。三是强化博士和硕士点建设，形成学科门类较为齐全、富有特色的研究生教育体系。四是支持有条件的市属高等学校列入新增博士学位授权单位立项建设规划，支持有条件的应用型本科高等学校获得专业硕士学位授权。五是推进校际教学资源共建共享、学分互认、教师互聘、课程互选，继续推行学分制改革。六是实施卓越工程师培养计划，支持高等学校与科研机构、行业企业联合培养人才。七是全面实施高等学校教学质量与教学改革工程，遴选建设一批精品课程和双语教学示范课程，建立一批改革创新试验学校、人才培养模式改革试验学校、教学改革创新团队、实验教学示范中心和大学生创新创业活动基地。八是加强高等学校学生通识教育，深入推进大学生人文素质教育，建立一批大学生人文素质教育基地。

（四）提出了提升高等学校科学研究水平四项措施

一是引导高等学校承担国家和区域重大科技任务和重大工程项目。二是加强国家级重点实验室、高等学校市级重点实验室、工程（技术）研究中心、人文社科重点研究基地建设。三是依托重大项目建设一批国际国内一流的重点学科和高水平、开放式、国际化科技创新平台与研究基地，建设一批国家级、市级人文社会科学重点研究基地。四是支持高等学校围绕统筹城乡经济社会发展的相关课题开展应用性研究，切实解决我市经济社会发展中的重大问题。

（五）提出了增强高校服务经济社会发展能力的五项措施

一是鼓励高等学校积极参与地方和企业科研攻关，开发具有自主知识产权的高新技术，多形式推进产学研用结合。二是鼓励高校与企业和区县（自治县）共同建立产学研战略合作联盟、产学研用示范园区、技术创新中心等科技创新平台。三是建立在渝高等学校与企业、科研院所合作和结对扶持区县（自治县）发展长效机制。四是支持高校以科技成果参股的形式参与企业服务。五是建立高等学校服务农村发展机制。

二、基本依据

(一)推动高等教育内涵发展

推动高等教育的内涵发展即将高等教育的发展重心由规模扩张转向质量提升、结构优化和特色发展。目前,我市各类高等教育学校数已达到61所,各类在校生总数达80余万人,在较短的时间内已经实现了办学规模的大幅度增长。进一步提升质量、优化结构和突出特色是推进我市高等教育内涵发展的当务之急。为此,《教育规划纲要》针对加强高等教育内涵建设提出了以重点学科为引领发展研究生教育、以特色专业为主导发展本科教育、以培养动手能力为核心大力发展高等职业教育的发展思路。同时提出了建设高水平大学和具有较强影响力的高等职业院校的工作重点。根据"314"总体部署,重庆要在2020年实现建成西部教育高地和长江上游教育中心的目标,而要达到这一目标,必须着力建设几所高水平大学,以引领全市高等教育水平。于是,《教育规划纲要》明确提出了支持"985工程"学校加快建成国际知名大学,推进"211工程"学校发展,建设一批在全国同类院校中特色鲜明、水平领先的大学的措施。为了建成西部教育高地,还要培养大量高素质人才。由于目前劳动力素质低下和高层次人才缺乏已成为制约重庆经济社会发展的瓶颈,因此,加强高校内涵发展,依托高水平和特色院校建设,加大对应用型、复合型、技能型人才的培养规模,对于满足重庆经济社会发展的需要,实现建成长江上游经济中心和城乡统筹发展的目标具有重要意义。

(二)提升高校科学研究水平

《教育规划纲要》以增强科学研究的针对性和实效性为重点,提出了支持高校围绕支柱产业开展应用性基础研究和具有自主知识产权的高新技术开发;支持高校围绕统筹城乡经济社会发展的重大问题开展应用型研究;支持高校加强哲学社会科学研究,建设一批国家级、市级人文社科重点研究基地等措施。目前,我市高校科研成果占全市科研成果的60%以上,但是这些成果的转化率低,针对性不强,很大程度上只停留于理论层面,对重庆经济社会发展的实际贡献有待提高。因此《教育规划纲要》提出了支持高校科研的三个方向，即围绕我市的重点支柱产业开展应用型研究和具有自主知识产权的高新技术开发；统筹城乡的重大问题；哲学社会科学的重大问题。这样可以更好地促进成果转化，最大限度发挥科研成果对经济社会发展的推动作用。

(三)提高高等教育质量

提高高等教育质量是高等教育发展的核心任务，符合高等教育又好又快地科学发展要求，是民生问题的重要焦点。目前，我国高等教育从规模上列世界第一，高等教育学历的从业人员总数列世界第二，已经成为名副其实的高等教育大国，进入21世纪以来已经实现了由人口大国向人力资源大国的转变。培养创新型人才，提高人才培养质量与效率，建设高等教育和人力资源强国是当前及今后一段时期的主要任务。当前，我市高等教育发展仍存在不少困难和问题，主要表现在：人才培养质量不能适应经济社会发展需求，学生的综合能力素质有待提升；学校办学存在同质化倾向，办学特色不明显；学科专业结构不合理，专业重复设置现象比较普遍；自主创新能力不强，产学研结合不够等等。为此，《教育规划纲要》提出要通过推进国家级、市级特色专业和精品课程建设，形成学校的办学特色；通过重点学科、博士点和硕士点以及重点实验室建设，形成学科门类较为齐全、特色鲜明的研究生培养体系；通过市级实验教学示范中心和大学生创新创业活动基地建设，提高学生的综合素质等。这些举措抓住了提升高等教育质量的关键环节，都是符合我市高等教育发展实际的重要举措。

(四)增强高校服务经济社会发展的能力

一个区域高校对经济社会发展的支撑度与贡献度是该区域持续、健康、快速发展的重要影响因素。鼓励高校、企业、区县共同建立产学研战略合作联盟、产学研示范园区、技术创新中心等科技创新平台，打造和完善高校与政府、高校与行业协会、高校与企业之间等多种合作平台，积极引导广大教师与政府、企事业单位开展科研项目合作，共同开展技术难题攻关，共建产学研联合体，努力构建开放式的服务体系。通过科技攻关、项目联姻、成果孵化等形式，组建以学科团队为核心的高水平合作团队,建立面向区域的开放式科技创新服务模式,不断引入互动机制、拓宽服务领域等途径,建立高校、政府、社会三者间良性互动的运行机制,并促进其高效运转,有利于提高高等教育服务经济社会发展的能力。

三、突破创新

一是明确了各层次高等教育的发展思路。基于加强高校内涵发展的目标,提出以重点学科为引领积极发展研究生教育,以特色专业为主导稳步发展本科教育,以培养动手能力为核心大力发展高等职业教育的思路。

二是提出了优化学科专业结构的具体措施。围绕国家战略性新兴产业发展和重庆工业化、城镇化、城乡一体化进程,建立专业设置与市场需求信息监测预警机制,并以此为依据调整专业结构、扶持特色专业。

三是提出了增强高校服务经济社会发展能力的具体措施。包括建立在渝高等学校与企业、科研院所合作和结对扶持区县(自治县)发展长效机制;支持高校以科技成果参股的形式参与企业服务;建立高等学校服务农村发展机制等措施,符合重庆统筹城乡协调发展对高等教育服务能力的本质要求。

第六节 加快发展继续教育

继续教育是终身学习体系的重要组成部分,在终身学习体系和学习型社会建设过程中具有重要的地位和作用。《教育规划纲要》围绕加快继续教育发展的目标,从健全体制、完善体系和创新内容形式这三个方面提出了如下措施:

一、主要措施

(一)健全继续教育体制机制

一是确立了继续教育的重要地位。继续教育是终身教育体系的重要组成部分。二是明确了继续教育的政府职能。要求各级政府切实履行发展继续教育的职责，市和区县(自治县)政府成立继续教育协调机构，统筹指导继续教育发展。三是提出了继续教育的发展目标。即构建“人人皆学、时时能学、处处可学”的学习型社会。四是完善继续教育政策法规。建立继续教育准入与退出、机构资质认证制度和质量标准；完善非学历教育学习成绩鉴定制度，建立成人高等教育、成人中等职业教育弹性学习制度和个人学习成果认证制度；完善经费投入和成本分担机制，对农民、残疾人、失业人员等接受继续教育给予资助。

(二)构建开放灵活的终身教育体系

一是建设市、区县(自治县)、乡镇(街道)三级继续教育与终身学习公共服务体系。二是充分利用电大远程教育资源，建设以网络、卫星、电视等为载体的重庆开放大学。三是整合区县(自治县)、乡镇(街道)和社区的各类教育资源，积极发展社区教育、老年教育。四是建立社会教育资源定期开放制度，文化馆、博物馆、科技馆、图书馆、体育馆、大型种植园、爱国主义教育基地等公益设施定期向社会免费开放。

(三)创新继续教育的内容和形式

一是积极开展覆盖城乡的成人职业培训，实施以提升应用能力为核心的学历教育。二是组织实施劳动者职业技能提升计划、社区继续教育发展计划、农村劳动力转移和新型农民培训计划等六项计划。三是发挥各类院校和社区教育机构的资源优势，开展成人学历教育、非学历教育和社会化培训。四是加强各级各类教育的衔接和沟通，搭建人才成长的“立交桥”。

二、基本依据

(一)加快发展继续教育必须健全体制机制

对于继续教育的发展定位，《教育规划纲要》明确了继续教育是终身学习体系的重要组成部分，提出了构建“人人皆学、时时能学、处处可学”的学习型社会的目标。2002 年以来，北京、深圳等 60 余城市相继确立“学习型城市”“学习型社会”建设目标。我市立足于重庆实际和现实需要，于 2006 年提出建设“学习型社会和创新型城市”的目标，而建立继续教育准入与退出、机构资质认证制度和质量标准，建立成人高等教育弹性学习制度和个人学习成果认证制度等举措，有利于从体制和制度上给予保证。发达国家和地区的继续教育已经形成制度化、标准化的发展格局，而在我市，高、中等职业教育仍停留于对学历教育模式的借鉴，培养的人才在技术和应用能力上缺少科学、公正、权威的认证标准。因此，从市情出发，学习借鉴国外终身学习的先进经验，例如完善非学历教育学习成绩鉴定制度，建立成人高等教育弹性学习制度和个人学习成果认证制度等，可以充分整合职业教育、学历教育的优势，拓宽继续教育的发展途径，利用各种社会资源，培养更多高质量、技术性和应用型人才。

（二）建设学习型社会必须加强终身教育体系建设

《教育规划纲要》提出要建设市、区县（自治县）、乡镇（街道）三级继续教育与终身学习公共服务体系，建立以网络、卫星、电视等为载体的远程开放大学，建设一批区县级和社区教育机构，建立社会教育资源定期开放制度等，这些办法和措施的重点在于解决资源整合的问题。由于目前我市的继续教育处于多方并管、资源分散的现状，因此只有加强继续教育的资源整合，完善继续教育体系，才能全面构建学习型社会，让市民时时可学，处处能学。

（三）创新继续教育内容和形式是当务之急

开展覆盖城乡的成人职业培训，实施以提升应用能力为核心的学历教育，实施劳动者职业技能提升计划、社区继续教育发展计划、农村劳动力转移和新型农民培训计划等六项计划。这些措施既符合未来城市发展对市民素质提升的整体要求，同时也符合重庆当前发展的实际需求。比如实施农村劳动力转移培训计划、转岗再就业培训计划等推进继续教育的举措，就与重庆建设主城区二环、实施数百万农村劳动力转移的战略形成了良好的互动，取得了良好的效果。

三、突破创新

一是确定重庆继续教育的发展目标。即构建“人人皆学、时时能学、处处可学”的学习型社会。

二是规划了远程继续教育的发展动向。提出要建立以网络、卫星、电视等为载体的重庆开放大学。

三是借力继续教育，促进城镇化建设。实施劳动者职业技能提升计划、社区继续教育发展计划、农村劳动力转移和新型农民培训计划等六项计划，有利于实现大量农村劳动力向城市转移的发展规划。

第七节 加强民族教育和特殊教育

加快发展民族教育事业是推动少数民族地区经济社会发展，促进民族团结，保持社会和谐稳定的重要举措。关心和支持特殊教育发展是促进残疾人全面发展，提高残疾学生综合素质，帮助他们更好融入学习的途径。《教育规划纲要》分别针对这两类教育从三个方面提出了具体措施。

一、主要措施

（一）明确了民族教育和特殊教育的地位

《教育规划纲要》明确指出“民族教育和特殊教育是教育事业的重要组成部分”，要求“各级党委、政府要全面贯彻党的民族教育政策和特殊教育政策，将民族教育和特殊教育纳入重要议事日程，切实解决少数民族地区教育和特殊人群接受教育的困难和问题”。

（二）提出了三条支持民族地区教育发展举措

一是支持民族地区学校建设。二是加快师资队伍建设，落实国家民族地区义务教育师资培训计划。三是办好重庆西藏中学和内地西藏班，加大对少数民族教育的扶持力度。

（三）推动特殊教育发展

一是从体系完善和整体布局上提出了“完善特殊教育体系，合理布局特殊教育校点，形成以市特殊教育中心为龙头、区县（自治县）特殊教育学校为骨干的格局”。二是对特殊教育学校提出了“加强特殊儿童学前教育和早期工作；办好专门学校，重视对严重不良行为青少年的教育和矫治”等要求。三是从加强特殊教育的保障措施方面提出要“设立特殊教育专项经费，从残疾人就业基金、福利彩票资金、教育发展基金中安排一定资金用于特殊教育，对残疾儿童接受义务教育实行零收费,加强特殊教育师资队伍建设,提高教师专业化水平”等措施。

二、基本依据

(一)特殊教育和民族教育发展是社会和谐进步的重要标志

特殊教育主要是指残疾人教育,近年来国家先后召开四次特殊教育工作会议,多部法律均明确了残疾人的受教育权。因此支持特殊教育发展符合党和国家相关法律法规和文件精神。目前全市有特殊教育学校44所,存在几个主要问题:一是特教机构、专业人员较为缺乏,特教机构容纳能力不足以满足现实需求。二是办学经费缺乏。根据世界银行有关特殊教育人均经费支出的统计,一个残疾儿童的受教育经费是普通儿童的50倍。由于教育经费缺乏,很多特教学校的教育经费达不到教育部规定的“聋哑学校的各项经费开支标准应高于同级同类的普通学校”标准。三是特殊教育布局不合理,办学水平较低。由于投入不足,特殊教育机构的分布不均,相当多的特殊儿童家庭经济困难,无力负担孩子在外地求学的费用。为此《教育规划纲要》结合我市实际从体系完善和整体布局上提出了“完善特殊教育体系,合理布局特殊教育校点,形成以市特殊教育中心为龙头、区县(自治县)特殊教育学校为骨干的格局”。同时注重改进教学方法,提出了加强特殊儿童学前教育和早期工作、重视对严重不良行为青少年的教育和矫治等措施;重视加强保障,提出要设立特殊教育专项经费,对残疾儿童接受义务教育实行零收费等措施。

(二)加快发展民族教育是党中央国务院的重大战略决策

加快发展民族教育,对于提高少数民族地区人口素质、促进民族地区发展、维护祖国和谐统一具有重大意义。目前我市有54个少数民族,人口两百余万人,是一个多民族的大城市。少数民族人口分布于全市各区县(市),主要聚居在东南部的黔江区、彭水县、酉阳县、秀山县和石柱县。这些地区的教育发展相对滞后,为此《教育规划纲要》针对民族教育发展提出了“支持民族地区学校建设、落实国家民族贫困地区义务教育师资培训计划、办好重庆西藏中学和内地新疆班”等措施。

三、突破创新

一是重视民族地区教育教学质量。以落实国家教师培训计划为契机，加强民族地区教师队伍建设，同时深化民族地区教育教学改革，关注少数民族学校、班级的健康发展，切实提高民族地区的教育质量。

二是提出了加快特殊教育发展的保障措施。在加强特殊教育的保障方面提出了“设立特殊教育专项经费，从残疾人就业基金、福利彩票资金、教育发展基金中安排一定资金用于特殊教育，对残疾儿童接受义务教育实行零收费”等措施。

第四章　深化教育体制改革

教育体制机制在推进教育改革与发展中起着至关重要的作用。本章从人才培养模式、考试招生评价、办学体制、管理体制、现代学校制度、教育交流与合作等六个方面提出改革创新的举措,力求革除束缚教育快速健康发展的体制弊端,建立和完善适应城乡教育一体化、教育现代化、教育国际化和素质教育发展需要的教育体制机制。

第一节　改革人才培养体制

深化教育体制机制改革,核心是改革人才培养体制,关键是更新教育观念,目的是提高人才培养水平。《教育规划纲要》把人才培养体制作为教育改革的重点,单独成节,体现了人才培养体制、观念、方式的重要性。人才培养体制问题是《教育规划纲要》中教育改革和制度创新的亮点,从更新人才培养观念、创新人才培养模式、全面实施素质教育、促进大中专毕业生就业创业等四个方面提出了具体措施。

一、主要措施

(一)更新人才培养观念

倡导全社会树立全面发展观念、人人成才观念、多样化人才观念、终身学习观念、系统培养观念等五种人才培养观念。特别强调要尊重个人选择,鼓励个性发展,不拘一格地培养人才。提出三结合的教育观念,即大中小幼有机衔接,教学、科研、实践紧密结合,学校、家庭、社会密切配合的教育管理模式。

(二)创新人才培养模式

一是坚持三个优良教育传统,即学思结合、知行统一、因材施教。二是探索教学管理制度改革,比如分层教学、走班制、学分制、导师制等。三是特别强调引导高等学校和高中阶段学校学生学工学农学军,到社会、基层、农村脚踏实地历练人生,增长才干。

（三）全面推进素质教育

总的要求是坚持德育为先，能力为重，全面发展，着力培养学生的创新精神、实践能力和社会责任感。着重强调鼓励高等学校理工科学生学习必要的文史哲知识，文科学生学习必要的自然科学知识，提高学生综合素质。同时提出具有重庆特色的措施，包括推进高雅艺术进校园，加强中华优秀传统文化和革命传统教育，弘扬红岩精神、抗战文化和三峡移民精神等本土优秀文化，提振学生的“精气神”。

（四）促进毕业生就业创业

一是引导和鼓励毕业生到农村基层和街道社区就业创业，提出完善大学生“村官”机制，扩大覆盖面。二是改善创业环境，搭建创业平台，提供创业服务，提出设立重庆市高等学校和中等职业学校毕业生自主创业资金，成立重庆市毕业生自主创业服务机构，加强毕业生创业技能培训指导。

二、基本依据

人才培养是整个教育工作的核心。当前，我国教育体制存在的核心问题是人的主动性、积极性、创造性没有得到充分的发挥、激励和保护。主要表现为：全面发展的观念深入人心，但重知识，轻技能；重普通教育，轻职业教育；重升学应试，轻素质养成；重学历，轻能力的成才观、就业观和用人观根深蒂固，全面发展、个性发展、多样化发展、人人发展的观念还没有充分落实到教育实践中；人才培养体系日渐完善，但各级各类教育之间缺乏沟通渠道，学校对于家庭、社会过于封闭，人才成长的通道还比较狭窄，个人选择的机会还不够充分；教育教学质量不断提升，但教学内容繁、难、偏、旧，教学方法过分依赖书本、课堂与教师讲授，对非考试科目重视不够，反映时代要求的核心内容不足，对学生创造性思维、批判性思维的培养不到位，应试教育的土壤还相当深厚。总的来看，当前人才培养体制并不适应经济社会发展对人才的需要，不适应人的全面发展、个性发展的需要，不适应全民学习终身学习的学习型社会的需要，亟待革新。

三、突破创新

一是倡导树立“五种教育观念”。一是树立全面发展观念,造就德智体美全面发展的高素质人才。二是树立人人成才观念,面向全体学生,促进学生成长成才。三是树立多样化人才观念,尊重个人选择,鼓励个性发展。四是树立终身学习观念,为学生持续发展奠定基础。五是树立系统培养观念,形成体系开放、机制灵活、渠道互通、选择多样的人才培养体制。

二是提出培育新型人才要做到“三个坚持”。一是坚持学思结合,优化课堂教学,倡导启发式、讨论式、探究式、参与式教学。二是坚持知行统一,做到教育与生产劳动、社会实践相结合,开展形式多样的活动,引导高等学校学生在实践中增长才干。三是坚持因材施教,探索分层教学、走班制、学分制、导师制等教学管理制度改革,发展每一个学生的优势潜能,不拘一格地培养人才。

第二节　改革考试招生评价制度

考试招生评价制度是《教育规划纲要》的一项重要内容,社会关注度高,直接关系到素质教育能否顺利推进。科学合理的考试招生评价制度,有利于科学选拔人才,有利于促进学生全面发展,有利于维护社会公平。《教育规划纲要》从改革中等及以下学校考试招生制度、高等学校考试招生制度、加强信息公开和社会监督、完善教育评价制度等四个方面提出了具体措施。

一、主要措施

(一)完善中等及以下学校考试招生制度

义务教育阶段学生实行免试就近入学原则,严禁义务教育阶段学校举行选拔性招生考试。完善初中学生学业水平考试制度,逐步取消普通高中“联招”考试,实行普通高中学校招生指标分层次、按比例分配到初中学校的办法。中等职业学校实行免试注册入学。

（二）改革高等学校考试招生制度

完善高等学校入学考试报名制度，探索考生考籍社会化管理办法。建立高等学校入学分类考试制度，重点高等学校探索实行自主考试招生的办法，其他普通本科院校实行全国统一考试招生的办法，高等职业技术学院实行统一考试和自主考试相结合的招生办法，成人高等学校实行统一考试与注册入学相结合的招生办法。逐步探索政府宏观管理、专业机构组织实施、学校依法自主招生，招考相对分离、分类考试、综合评价、多元录取的考试招生制度。

（三）加强考试招生诚信制度建设

完善考试招生信息公开制度，坚持公开高等学校招生名额分配原则和办法，公开招生政策、程序和结果，加强政府和社会监督。提高考试招生工作的公信度。

（四）完善教育评价制度

建立健全学校教育质量评价和监测体系，完善教师考核评价机制，调动教师工作的积极性、主动性，探索促进学生发展的多元评价方式。

二、基本依据

（一）推进教育公平的需要

多年来，全市实施的普通高中"联招"考试，虽然为联招学校选拔优秀学生搭建了很好的平台，但是不利于推进城乡间、区域内义务教育均衡发展和高中阶段教育全面普及。目前实行的高考制度过于集权化，存在一考定终身、选拔标准单一、考试内容和考试形式不符合素质教育要求、各地入学竞争机会不公平、高等学校选拔自主权不够等问题。故此，必须改革考试招生制度，以更好地推进教育公平。

（二）深化素质教育的需要

实施素质教育要求减轻中小学生课业负担，以促进学生生动活泼学习、健康快乐成长。然而，在高考独木桥这一强大的单一激励机制引导下，中小学的教育资源配置、课程设置、教师考核和家长关注，都被自动束缚在漫长而激烈的应试准备体系中，如果考试招生制度不改革，所谓学生减负、素质教育、全面发展，都是空谈。

三、突破创新

一是中招考试制度实现重大变革。取消普通高中“联招”考试，实行普通高中学校招生“指标到校”的办法。中职学校实行免试注册入学办法。这样的招考制度出台，有利于促进区域之间教育均衡发展和全面普及高中教育。

二是高等学校考试招生实现重大突破。逐步实行考生考籍社会化管理办法。建立高等学校入学分类考试制度，即重点高等学校实行自主考试招生，其他普通本科院校实行全国统一考试招生，高等职业技术学院实行统一考试和自主考试相结合招生，成人高等学校实行统一考试与注册入学相结合招生。

三是教育评价制度不断改革创新。加强对区县(自治县)政府教育工作的考核评估。建立义务教育阶段学校质量评价和监测体系，开展由政府、学校、社会各方面共同参与的教育质量评价活动。建立调动教师工作积极性、主动性的考核激励机制，加快专业发展，提高教学质量。探索促进学生发展的多元评价方式，促进学生在全面发展的基础上实现优势发展。

第三节　建立健全现代学校制度

建立现代学校制度是教育发展的一个趋势，也是教育适应未来发展的要求。其目的是要根据社会和学校的发展需求重新梳理政府、学校和社会之间的关系，完善现代学校制度，最终建立政府宏观管理、社会参与、学校自主办学的多元合作管理模式。《教育规划纲要》从推进政校分开管办分离、扩大学校办学自主权，完善现代大学制度和完善中小学学校管理制度等三方面提出了具体措施。

一、主要措施

(一)推进政校分开管办分离

落实各级各类学校的办学权利和责任，鼓励学校自主发展；依法制定各级各类学校章程，完善学校目标管理和绩效管理机制；克服学校行政化、“官本位”倾向，逐步取消各级各类学校实际存在的行政级别和行政化管理模式，实行校长职级制。

（二）建立和完善现代大学制度

完善高等学校治理结构，树立教授治学的思想，强化学术委员会的学术权力；完善公办高等学校党委领导、校长负责、依法治校、民主管理、科学决策的制度；健全校长遴选机制，培养和造就一批优秀大学校长。扩大高校办学自主权，促进高校自主办学。

（三）完善中小学学校管理制度

完善普通中小学和中等职业学校校长负责制；完善校长资格制度，探索校长职业化改革；健全校务会、教代会制度和校务公开制度；建立健全中小学家长委员会制度；建立教师代表、家长代表、学生代表、社区代表等参加的校务管理委员会，推进学校民主管理。

二、基本依据

（一）去行政化是教育改革的焦点

2010 年 3 月温家宝总理在回答网友提问时说，教育行政化的倾向需要改变，大学不要设立行政级别。温总理在政府工作报告中也指出，要推进高校管理体制改革，激励教师专注于教育，鼓励教师终身从教。在近年来召开的全国两会上，“高校去行政化”成为人大代表和政协委员们的热门话题之一，从高等教育的发展诉求来看，也已成为大势所趋。

（二）建设现代大学制度刻不容缓

高等教育现代化需要相应的现代化的大学制度作为支撑，只有建立起符合现代大学发展需要的各项制度，才能说高等教育已经达到了现代化的水平。现代大学制度建设是大学自身可持续性发展的需要，一流大学之所以处于高水平，是因为这样的高校已建立起完善的制度和运行机制，使学校的办学理念与精神能够得到真正的贯彻与执行。所以说，在教育开放式和大众化进程中，高校之间的竞争已不仅仅是资金、人才和技术的比拼，更重要的是制度的竞争。现代大学制度建设是依法办学、依法治校的需要，学校不能够总是依靠经验来被动地应付问题，而应建立起良好的体制，用一套积极的、行之有效的制度来明确大学的权利和义务,规范大学的行为,处理好大学各种内外部关系。

(三)科学化、民主化管理是现代学校管理的基本法则

在现代学校教育活动中,学校的主要功能是教给学生理智的精神、探究的方法,继而助其养成现代公民素质。科学精神和民主意识不仅指向学校的教育对象,也指向校长、教师和学校所有教育工作者。教育管理的分权、强调社会参与,是学校科学化民主化管理的必然趋势。

三、突破创新

一是教育行政管理创新。积极推进政校分开管办分离,依法制定各级各类学校章程,取消各级各类学校实际存在的行政级别和行政化管理模式,克服教育行政化倾向。

二是高校内部管理创新。坚持和完善党委领导、校长负责、依法治校、民主管理、科学决策的现代大学制度,建立高等学校校长遴选机制,强化学术委员会的学术权力,探索教授治学的有效途径。

三是中小学管理创新。积极引导中小学民主开放办学。坚持和完善普通中小学和中等职业学校校长负责制,完善科学民主决策机制,建立健全中小学家长委员会制度,引导社区和有关专业人士参与学校监督管理。

第四节　改革办学体制

办学体制改革是教育体制改革的重要组成部分,主要目的是改变政府包揽办学的旧格局,建立以政府办学为主体、社会各界共同办学的新体制。在办学体制改革中,首先是深化公办学校办学体制改革。开展公办学校联合办学、委托管理等实验,探索多种形式,提高办学水平。另一方面,保障民办学校及其学生、教师平等的法律地位,保障民办学校办学自主权。《教育规划纲要》从改革公办学校办学体制、支持民办教育发展等方面提出了具体措施。

一、主要措施

(一)改革公办学校办学体制

主要有三条举措:一是鼓励行业、企业、社会团体、个人参与公办学校办学,扩大优质教育资源。二是支持有条件的公办学校探索公办民助、委托管理、合作办学等多种形式改革,增强办学活力。三是遴选部分公办学校探索集团化办学,扶持薄弱学校和新建学校发展。

(二)支持和规范民办教育发展

重点发展民办职业教育和民办高等教育。措施包括:鼓励金融机构加大对民办学校的信贷支持,建立民办学校合理回报机制,建立政府财政性经费扶持民办教育的制度,以政府"购买服务"的方式拨付相应教育经费;建立完善民办学校教师社会保险和人事代理制度;依法管理民办教育,开展对营利性和非营利性民办学校分类管理试点;健全民办学校法人治理结构;完善民办高等学校督导专员制度;加强民办教育行业自律,促进民办学校规范办学。

二、基本依据

(一)坚持教育公益性与增强办学活力的需要

长期以来,公办学校坚持公益性原则,对我国教育发展起到了重要的作用,但是政府包揽办学的格局导致公办学校缺乏办学活力,十分不利于公办教育的健康发展。此外,公办教育占据的优质教育资源应该如何发挥最大效能、公办学校的办学水平应如何更好地提高等问题也是其必须直面的重要课题,因此公办教育的办学体制改革亟待深化。

(二)民办教育的办学权责需要明晰

改革开放以来特别是直辖以来,在国家教育政策的积极鼓励下,重庆民办教育获得了快速发展,不仅外延规模得到较快扩张,而且内涵质量也有了很大提升,已成为重庆教育事业的重要组成部分。但是,当前民办教育在发展中还面临着许多困难与挑战。就宏观层面而言,有关民办教育的各项平等待遇尚未完全落实;对民办教育行业的监管缺少行之有效的办法;促进民办教育健康发展的社会舆论环境也有待改善。从学校自身来说，少数民办学校举办者办学理念有偏差，营利动机过强；有的民办学校在办学中存在不规范行为，已造成了不良的社会影响；某些民办学校内部管理不规范，法人治理结构不健全，教师和学生的权益缺少保障；此外，部分民办高校法人财产权尚未落实，加上银行负债偏高，学校运行也存在一定的安全隐患。总而言之，民办学校比公办学校更具有自主性和灵活性，但是民办学校法律属性、产权归属不清晰，办学不规范，政府应进一步从政策和制度上积极支持、引导民办教育的发展，从制度设计上使民办教育能够按照自己的运行模式健康发展。

三、突破创新

一是公办学校办学模式创新。有条件的公办学校可以实行公办民助、委托管理、合作办学、集团办学等多种形式，探索多种办学形式，提高办学水平，增强办学活力。

二是民办教育办学模式创新。如果民办学校为政府履行了公共教育职责，就可以由政府采取“购买服务”强化政府职责。从而打破政府包揽办学的格局，减轻政府办学压力，引入合理竞争，促进办学体制多元化。

三是民办学校管理创新。依法规范和科学管理民办教育，开展对营利性和非营利性民办学校分类管理试点；健全董事会决策、校长执行、监事会监督的民办学校法人治理结构；完善民办高等学校督导专员制度。

第五节　改革管理体制

教育管理体制是整个教育体制得以运行的保障，对教育体制改革和发展的方向、速度、规模有直接影响。它涉及教育系统的机构设置、职责范围、隶属关系、权力划分、运行机制等方面。针对目前存在的管理职责交叉、省级政府统筹力度不够、政府服务不到位等问题，《教育规划纲要》从明确政府职责、完善管理体制、转变政府职能等方面提出了具体措施。

一、主要措施

(一)进一步界定各级政府的教育职责

市政府加大对各级各类教育改革和发展的统筹,推进学前教育、义务教育、高中阶段教育、职业教育发展,提高高等教育办学水平。区县(自治县)政府负责本地区学前教育、义务教育、高中阶段教育和继续教育的改革和发展,推进教育基本公共服务均等化。乡镇政府、街道办事处负责依法组织适龄儿童、少年入学和防止辍学,维护学校的治安、安全和正常教学秩序。

(二)进一步完善各类教育管理体制

学前教育、义务教育和普通高中教育实行市政府统筹、以区县(自治县)为主的管理体制。职业教育和继续教育实行市和区县(自治县)政府统筹、行业指导、企业参与、社会支持的管理体制。高等教育实行分类指导、部市共建、行业支持、以市为主的管理体制。

(三)进一步转变政府教育管理职能

政府要综合运用法规、规划、拨款、信息等措施对学校进行管理,减少对学校不必要的行政干预。同时,成立教育咨询委员会,完善政府重大教育决策调研论证、社会听证、信息公开等制度,注重引导教育中介机构健康发展,进一步健全管、办、评分离的运行机制。

二、基本依据

(一)各级政府之间的权责必须明确

市级、区(县)级、镇乡(街道)之间权责未能明晰,教育管理缺位、越位、失位现象不同程度地存在。教育管理缺乏统筹协调,相同或相近学科与专业在同一地区或不同区域之间重复设置,无法产生最优化的规模效益,造成教育资源的浪费。

(二)政府和学校之间的关系需要梳理

中等及以下教育实行校长负责制,学校层面没有人事权、财政权、办学权,政府对学校管得过多、管得过死,导致学校办学缺乏自主性和积极性。

(三)学校内部管理机制待完善

学校内部制度不健全,校长负责制往往成为个人负责制,行政决策缺乏有效的监控。

(四)多元主体办学缺乏有效协调

部门、行业、企业与个人参与教育,逐渐构建起多元的办学主体框架,而教育供给与教育需求的相对分离也增加了政府对教育宏观调控的难度,这种供给与需求之间的矛盾和不平衡常常会导致教育资源的浪费,甚至影响社会安定。

三、突破创新

一是进一步理清三级政府的教育职责。对市政府、区县(自治县)政府、乡(镇)政府的教育管理职责作出明确界定,实施分级管理、分级负责,防止政府教育管理的越位与缺位。

二是进一步完善各类教育管理体制。教育行政部门宏观指导和管理学前教育;完善以县为主、市级统筹的义务教育和普通高中教育管理体制;建立健全政府主导、行业指导、企业参与、教育行政部门统筹管理的职业教育运行机制;健全部市共建、行业支持、以市为主的高等教育管理体制。

三是行政决策更加科学民主。成立重庆市教育咨询委员会,完善政府重大教育决策调研论证、社会听证、信息公开等制度;健全教育中介机构的准入、资助、监管和行业自律制度,进一步推进管、办、评有序分离,完善教育问责机制。

第六节　扩大教育开放

当前国际国内的发展形势,既给教育交流与合作提供了前所未有的机遇和广阔空间,也提出了新的任务和挑战。通过扩大教育开放,尽快缩小我市与教育发达地区的差距,推动重庆教育走出国门、走向世界,提升重庆教育的影响力和竞争力,推进人力资源强市建设。《教育规划纲要》从加强教育交流与合作、引进优质教育资源、提高对外开放水平等三个方面提出了具体措施。

一、主要措施

（一）加强教育交流与合作

总的要求是开展多层次、宽领域的教育交流与合作。加强重庆教育与其他省区市、与港澳台地区、与国外教育之间的交流与合作，提高重庆教育的国际合作水平。

（二）引进优质教育资源

一是吸引境外知名学校、教育和科研机构、企业，合作设立教育教学、实训、研究机构或项目，特别是支持在渝高等学校引进世界知名大学来渝合作办学。二是引进人才。吸引优秀留学人员来渝服务；提升高等学校和有条件的高中阶段学校聘任外籍教师的比例；鼓励和支持重庆高等学校聘请国际知名学者和教授来渝讲学、任教和管理。三是引进境外优质教材。

（三）提高教育对外开放水平

鼓励和支持重庆学校在国外建立和办好孔子学院或孔子课堂。实施"留学重庆计划"，扩大外国留学生规模。实施来渝留学生预备教育制度，加强外籍学生汉语言能力教育和巴渝人文社会教育。支持重庆学校与国外学校进行教师、学生互派和其他人员的交流。鼓励和支持各级各类学校校长和教师到海外培训和进修。

二、基本依据

从全世界的范围来看，教育国际合作交流已经形成大开放的格局。重庆文化的繁荣，应立足于和世界各地文明的优秀成果的碰撞，通过开展多种形式的对外文化交流活动，博采国内外文化之长，向世界展示一个开放的重庆。重庆教育的"开放"既包括对国外开放，也包括对国内开放，重庆以开放办学提升教育发展水平和人才培养质量，是着眼于国内外教育改革发展的新趋势和我市教育发展存在相对封闭的弊端提出来的，具有较强的针对性和指导性。

三、突破创新

一是拓宽渠道引进优秀教育资源。提高高等学校和有条件的高中阶段学校聘任外籍教师的比例,引进高水平教育管理专家。鼓励和支持重庆高等学校聘请国际知名学者和教授来渝讲学、合作科研、任教和担任管理职位。引进境外优质教材。支持在渝高等学校引进世界知名大学来渝合作办学,打造中国西部教育高地。

*二是实施举措扩大在渝留学生规模。*实施“留学重庆计划”,建立外国留学生奖学金制度,鼓励、吸引国外学生来渝留学;实施来渝留学生预备教育制度,加强外籍学生汉语言能力教育和巴渝人文社会教育。

第五章 加大教育保障力度

强有力的教育保障，是深化教育改革，加快教育发展，实现《教育规划纲要》宏伟发展目标，推进教育事业在新的历史起点上科学发展的强大动力和重要举措。

第一节 加强组织领导

加强对教育工作的组织领导，是推动教育事业优先发展、科学发展的关键，是贯彻落实好《教育规划纲要》的根本保证。

一、主要措施

(一)完善教育工作领导机制

一是“各级党委、政府要认真落实教育优先发展战略，健全领导体制和决策机制，把教育纳入国民经济和社会发展总体规划，每一届政府任期内至少召开一次教育工作会议”。二是要“建立健全党委、政府教育工作专题会议制度和领导干部联系学校制度，及时研究解决教育改革发展中的重大问题”。三是要“建立各级党政领导干部教育工作目标责任制和问责制，把教育工作实绩作为党政干部政绩考核和提拔任用的重要依据”。四是“各级政府要主动接受人大的法律监督和工作监督，定期向人大及其常委会专题报告教育工作，主动接受政协的民主监督，听取社会各界对教育改革和发展的意见和建议”。

(二)加强教育系统党的建设

一是抓住核心，“切实加强党对教育工作的领导，充分发挥党组织在高等学校改革发展中的领导核心作用、在中小学工作中的政治核心作用”。二是加强民办学校党的建设，“探索民办学校党组织发挥作用的途径和方法”，“完善民办学校党委(党总支)书记选派制度”。三是健全党的组织,“不断扩大基层党组织覆盖面”,“在优秀青年教师和优秀学生中发展党员,认真做好学校共青团、少先队和学生会工作”。四是大力推进学习型党组织建设,“坚持用中国特色社会主义理论体系武装党员干部,教育广大师生”,同时要“推进党的工作和活动创新,扎实开展高等学校‘抓党建、促三风、建三高’工作”。五是加强学校领导班子和领导干部队伍建设,要求“坚持按德才兼备、以德为先的标准,加强教育系统干部队伍建设”,“实施‘4050’工程,培养后备干部”。六是加强教育系统党风廉政建设和政风行风建设,“完善惩治和预防腐败体系,坚决惩治腐败,纠正损害群众利益的不正之风”。

(三)完善教育督导制度

一是加强督导机构建设,要“完善教育督导管理体制,设置相对独立的教育督导机构,落实人员编制,独立行使督导职能”。二是加强教育督导队伍建设,要“建立督学资格、职级和培训制度,促进督学队伍专业化发展,提高督导工作水平”。三是完善一系列制度:主要包括督学委派制度,督学责任区制度,督学资格、职级和培训制度,督导结果公告、公众参与、限期整改和督导问责等制度。四是进一步加强教育督导工作。要“构建督政、督学、监测三大体系”,坚持督政与督学结合,监督与指导结合,“加强义务教育均衡发展、学前教育和高中阶段教育办学水平督导检查”,“强化对区县(自治县)、乡镇(街道)落实教育法律法规和相关政策的督导检查”。

(四)营造教育发展良好环境

一是各政府部门认真履行教育职责,简化办事程序,落实优惠政策,促进教育事业健康发展。二是全面“推行校园安全警务新机制”,安装视频监控和报警系统,加强校园安全保卫机构和队伍建设,保障学校正常教育教学秩序,建立和完善师生意外伤害和重大疾病保障体系。三是坚持正确的舆论导向,树立典型,正确引导社会关注教育热点问题,为教育事业改革与发展营造良好环境,在全社会形成尊师重教的良好风气。

二、基本依据

(一)贯彻落实好《教育规划纲要》是摆在各级党委政府和全社会面前的重大任务

胡锦涛总书记指出,推动教育事业科学发展,加强和改善党的领导是关键。教育是国家和民族发展最根本的事业,必须加强和改善党对教育工作的领导。各级党委和政府必须把推动教育事业优先发展、科学发展作为重要职责,及时研究解决教育改革发展的重大问题和群众关心的热点问题;把推进教育事业改革发展作为各级党委和政府政绩考核的重要内容。同时,各级党委和政府要及时提出实施方案,加强领导,明确目标,制定措施,加大投入,切实把《教育规划纲要》贯彻好、落实好。

(二)充分认识新形势下加强和改进党的建设的重要性和紧迫性

胡锦涛总书记指出,要加强和改进教育系统党的建设,健全各级各类学校党的组织,加强学校领导班子和领导干部队伍建设,加强和改进学校思想政治工作,加强教育系统党风廉政建设和行风建设,充分发挥党组织在教育改革和发展中的作用。坚持不懈地加强和改进教育系统党的建设、确保党对教育事业的坚强领导,是加强党的建设新的伟大工程的重要组成部分,是促进我国教育事业科学发展、培养中国特色社会主义建设者和接班人的根本保证。必须充分认识新形势下加强和改进党的建设的重要性和紧迫性,切实增强政治意识、责任意识,不断加强和改进党的思想建设、组织建设、作风建设、能力建设、制度建设。

(三)教育督导制度是我国教育的一项基本制度,也是加强教育监督的一种法定形式

1995 年 3 月,第八届全国人民代表大会第三次会议审议通过的《中华人民共和国教育法》(以下简称《教育法》)第二十四条规定:“国家实行教育督导制度和学校及其他教育机构教育评估制度。”2006 年 6 月 29 日第十届全国人民代表大会常务委员会第二十二次会议修订,2006 年 9 月 1 日起施行《中华人民共和国义务教育法》(以下简称

《义务教育法》)第八条规定:“人民政府教育督导机构对义务教育工作执行法律法规情况、教育教学质量以及义务教育均衡发展状况等进行督导,督导报告向社会公布。”党的十七大报告提出,要“建立健全决策权、执行权、监督权既相互制约又相互协调的权力结构和运行机制”。强化对教育的监督,是保证教育事业科学发展的必不可少的重要措施。

三、突破创新

一是完善教育工作领导机制。《教育规划纲要》第63条提出:“各级党委、政府要认真落实教育优先发展战略,健全领导体制和决策机制,把教育纳入国民经济和社会发展总体规划,每一届政府任期内至少召开一次教育工作会议。建立健全党委、政府教育工作专题会议制度和领导干部联系学校制度,及时研究解决教育改革发展中的重大问题。建立各级党政领导干部教育工作目标责任制和问责制,把教育工作实绩作为党政干部政绩考核和提拔任用的重要依据。”

二是加强民办学校党的建设。《教育规划纲要》第64条提出:“探索民办学校党组织发挥作用的途径和方法。”

三是完善督导体制和加强专业化督学队伍建设。《教育规划纲要》第65条提出:“完善教育督导管理体制,设置相对独立的教育督导机构,落实人员编制,独立行使督导职能。”“建立督学资格、职级和培训制度,促进督学队伍专业化发展,提高督导工作水平。”

第二节　保障经费投入

教育投入是教育事业的物质基础和重要保障。各级党委和政府高度重视教育,采取了一系列措施加大教育投入,建立并逐步完善教育投入体制机制,强化公共财政对基本公共教育服务的保障责任,实现了教育经费快速增长、总量不断增加,为我市教育事业改革发展、保障人民群众的受教育权利提供了基本的经费保证。但从教育事业改革发展的实际需求来看,教育经费投入仍然不足,同时,还存在经费分配不尽合理、投入效益不高等问题。

一、主要措施

（一）加大教育公共财政投入

一是依法确保教育经费“三个增长”。“市级教育经费占市级经常性财政收入的比例每年提高1个百分点，区县（自治县）逐年增加本级财政支出中教育支出的比例。”二是要“落实国家征收教育费附加政策，按增值税、营业税、消费税的3%足额征收，同时开征地方教育费附加，按增值税、营业税、消费税的2%征收，专项用于教育事业”。三是“各级政府财政超收收入、土地出让、城市建设配套等政府性基金收入，按年初预算教育支出占财政支出比例用于教育”。四是“财政性教育经费支出占全市国民生产总值的比例保持4%”。公共教育支出占国内生产总值的比例，是国际通用的衡量一国政府教育投入水平的主要指标。《教育规划纲要》明确提出要保持财政性教育经费支出占全市国民生产总值的比例为4%，表明了市委和市政府推动教育改革发展的坚定决心。

（二）健全教育投入体制

一是要健全各类教育的投入体制。坚持将“义务教育全面纳入公共财政保障范围。完善以政府投入为主、受教育者合理分担、其他多种渠道筹措经费的非义务教育投入机制。学前教育建立政府投入、社会举办者投入、家庭合理负担的体制。普通高中教育实行财政投入为主、其他渠道投入为辅的体制。中等职业教育实行地方政府、行业、企业和社会力量等多渠道筹集经费的体制。高等教育实行举办者投入为主、受教育者合理分担培养成本、学校设立基金接受社会捐赠的体制。继续教育实行政府和单位投入为主、受教育者合理分担培养成本的体制”。二是完善多渠道增加教育投入的体制。要“鼓励和吸引国内外资金来渝投资办学。通过划拨或优惠出让土地、税收减免、金融扶持和政府奖励等政策措施，鼓励企业、社会团体和个人投资教育”。要“完善捐赠教育激励机制，严格落实企业、社会组织和个人教育公益性捐赠支出在所得税税前扣除的政策”。要“建立捐赠收入政府财政配比资金制度”。

(三)调整教育经费支出结构

一是要制定“各级各类学校生均经费基本标准、生均拨款基本标准”,并逐步提高。制定生均经费基本标准和生均拨款基本标准,有利于优化教育投入。要根据经济发展水平和教育改革发展需要,“制定并逐步提高各级各类学校生均经费基本标准、生均拨款基本标准”。保障教育基础设施建设和维护投入,加大对师资保障、安全保障、教育科研经费的投入。二是要根据不同级别教育的公共产品属性,确立各级各类教育经费投入体制机制。要“建立拨款与绩效奖励相结合的非义务教育经费分配制度”,将“学前教育经费列入各级政府财政预算,新增教育经费向学前教育倾斜”,“增加特殊教育、继续教育投入”。三是要加大转移支付,支持农村地区、三峡库区和民族地区教育发展。四是要“建立和健全各级各类学校贫困学生资助政策体系”,不让一个学生因家庭经济困难而失学。不断完善助学制度,保障每一个学生接受教育的基本权利,是推进教育公平的一项重要举措。五是要“规范学校举债行为,控制债务风险,建立公办学校债务偿还机制,逐步化解学校债务”。

(四)加强教育经费使用管理

一是要“建立责权一致,事权、财权相统一的教育经费管理体制”。要“严格执行国家财政资金管理制度和财经纪律,建立科学化、精细化的预算管理机制”,“设立高等教育拨款咨询委员会,增强项目经费分配的民主性和科学性”,“核定公办高等学校年度基建拨款基数”,“在高等学校设立总会计师,提升经费使用和资产管理的专业化水平”。二是要完善一系列使用管理制度。要设立教育经费监管中心,“建立健全学校经费管理使用制度,严格执行大额资金使用集体决策和报批备案制度”。要“建立各级财政教育投入增长考核制度、公共财政投入持续增长监督制度”,“强化审计监督,完善学校财务信息公开制度和经济责任审计制度,强化重大建设项目和经费使用全过程审计”。三是要“完善学校收费管理办法,规范收费行为和资金使用管理”,“坚持勤俭办学,建设节约型学校”。

二、基本依据

(一)落实政府提供公共教育服务职责,完善以政府投入为主的体制

1993年《中国教育改革和发展纲要》首次提出了"三个增长"的要求,随后,《教育法》、《义务教育法》等又以法律的形式予以明确规定:各级人民政府教育财政拨款的增长应当高于财政经常性收入的增长,并使按在校学生人数平均的教育费用逐步增长,保证教师工资和学生人均公用经费逐步增长。2010年7月,中共中央、国务院颁布实施的《国家中长期教育改革和发展规划纲要(2010—2020年)》,明确规定2012年国家教育经费投入将达到GDP的4%。2010年两会期间,重庆市市长黄奇帆做客中央电视台提到:"重庆最近的几年,年年做到财政性教育投入达到4%的GDP"。根据《国家中长期教育改革和发展规划纲要(2010—2020年)》,到2020年我国经济发展基本达到中等发达国家水平,而目前美国、日本、韩国、印度等国教育经费支出占GDP是4.7%—7.4%。因此,我市作为西部率先发展地区,教育经费占国民生产总值达4%是可行的。

(二)动员全社会关心支持教育,健全多渠道筹措教育经费的体制

《重庆市人民政府关于促进民办教育发展的意见》(渝府发〔2008〕65号)明确提出:"落实民办教育发展的土地、建设、财税优惠政策","创建民办教育资本运作和投融资体制"。根据《重庆市统筹城乡教育综合改革试验实施方案》(渝府发[2008]94号),其中推进教育经费保障机制改革条款,提出通过探索建立教育发展公司、教育银行,发展公益性教育基金,争取发行教育彩票,组建教育集团,从而实现多渠道筹措教育资金,优化教育资源配置。

(三)调整财政性教育经费支出结构,科学合理安排教育经费

《国务院批转教育部国家教育事业发展"十一五"规划纲要的通知》(国发〔2007〕14号)指出,"十一五"期间,国家将进一步加大教育投入。明确各级政府提供教育公共服务的职责,并按照建立公共财

政体制的要求,将教育列入公共财政支出的重点领域。政府对义务教育负全责,逐步将义务教育全面纳入公共财政保障范围。建立和完善中央和地方政府分项目、按比例分担的农村义务教育经费保障机制。根据事业发展需要,不断增加预算内教育经费支出,提高生均经费标准,改善办学条件。《教育规划纲要》中对教育投入的具体要求正体现了对该项政策的贯彻落实。

(四)切实加强管理,提高教育经费使用效益

《教育法》第一章第十六条规定:"国务院和县级以上地方各级人民政府应当向本级人民代表大会或者其常务委员会报告教育工作和教育经费预算、决算情况,接受监督。"《义务教育法》第六章第五十条规定:"县级以上人民政府建立健全义务教育经费的审计监督和统计公告制度。"因此,教育投入管理的核心要务是加强监督,做到信息透明、公开。同时,加强教育经费使用管理,建立科学化、精细化的预算管理机制,有利于明晰责权、事权、财权,从而提高教育经费投入的效益。

三、突破创新

一是建立教育投入持续增长长效机制,提高教育保障水平。《教育规划纲要》第 67 条要求:"政府从预算内和预算外、预算和决算、中央决算和地方决算等方面保障教育经费投入,依法确保教育经费'三个增长'。""落实国家征收教育费附加政策,按增值税、营业税、消费税的 3%足额征收,同时开征地方教育费附加,按增值税、营业税、消费税的 2%征收,专项用于教育事业。""财政性教育经费支出占全市国民生产总值的比例保持 4%。"

二是规定有关收入按比例用于教育。《教育规划纲要》第 67 条要求:"各级政府财政超收收入、土地出让、城市建设配套等政府性基金收入,按年初预算教育支出占财政支出比例用于教育。"

三是政府安排捐赠配套资金。《教育规划纲要》第 68 条要求:"建立捐赠收入政府财政配比资金制度。"

四是建立非义务教育经费分配制度。《教育规划纲要》第 69 条要求:"建立拨款与绩效奖励相结合的非义务教育经费分配制度。"

五是增加对学前教育的投入。《教育规划纲要》第69条要求："学前教育经费列入各级政府财政预算，新增教育经费向学前教育倾斜。"

六是加强高等教育财务管理。主要有两项举措，设立高等教育拨款委员会和总会计师。以提升高校财务管理的民主化、科学化和专业化。

七是建立考核、监督和责任追究制度。《教育规划纲要》第70条要求："建立各级财政教育投入增长考核制度、公共财政投入持续增长监督制度。"

第三节　加强教师队伍建设

教师是推动教育事业改革发展的最重要力量。《国家中长期教育改革和发展规划纲要(2010—2020年)》提出要"努力造就一支师德高尚、业务精湛、结构合理、充满活力的高素质专业化教师队伍"。这是党中央、国务院站在国际教育和人才竞争的高度，从我国教育改革发展的新形势出发，制定出的教师队伍建设总体目标和战略部署，必将对提高我国教师队伍的整体素质和整体水平产生极其重大而深远的影响。

一、主要措施

(一)加强师德师风建设

一是明确教师队伍建设的总体目标。要"严格教师资质，提升教师素质，努力建设一支师德高尚、业务精湛、结构合理、充满活力的专业化教师队伍"。二是强调师德在教师队伍建设中的突出地位。"坚持把师德建设放在教师队伍建设的首位"，"加强教师职业理想和职业道德教育，增强教书育人的责任感和使命感"。三是对师德建设提出了具体要求。要求"教师要关爱学生、严谨笃学、淡泊名利、自尊自律，以人格魅力和学识魅力教育感染学生，做学生健康成长的指导者和引路人"。四是采取一系列措施切实加强师德建设。要"建立教师职业道德信誉记录制度,将师德师风作为教师年度考核的重要内容和评优奖励的重要依据”,“引导教师克服学术浮躁,形成良好的学术道德风尚”,“加强教师法制教育,规范教师从教行为,严禁教师利用职务之便动员、组织或强迫学生接受有偿补课”。

(二)提升教师专业化水平

一是确立了教师专业化发展的目标:“倡导教育家办学,营造有利于教育家成长的办学环境,培育造就一批名校长、名教师、学术(技术)带头人和学科领军人才。”二是要通过培训提高教师专业发展水平。要求“构建以师范院校为主体、综合院校积极参与的教师教育体系”,加强市、区县(自治县)教师培训机构建设,实施“五年一周期的中小学和幼儿园教师全员培训”。三是促进中等职业学校教师专业发展。要求“完善中等职业学校专任教师能力标准,支持职业院校从企事业单位选调、招聘高学历、高职称的优秀技能型人才担任教师”。四是加强高等学校创新团队和教学团队建设。“鼓励高等学校中青年教师到国内外重点高等学校、知名研究机构进修、访学。”五是提高教科研人员水平。要“鼓励教师开展教育科学研究,探索教育教学规律,创新教育教学模式和方法”。《教育规划纲要》对各级各类学校教师的专业化提出了不同的要求,体现了分类指导的原则,体现了“面向全员,突出骨干,倾斜农村,共同发展”的思路。

(三)提高教师地位和待遇

一是依法落实教师工资政策。要“落实和完善教师绩效工资政策,依法保证教师平均工资水平不低于或高于当地国家公务员的平均工资水平,并逐步提高”。二是“按照国家政策规定,落实特殊教育学校教师岗位津补贴,保证艰苦边远地区教师的高定工资和津补贴”。三是“鼓励和引导优秀大学生到农村地区学校任教”。四是“落实教师医疗、养老等社会保障政策,定期组织教师参加体检,关注教师心理健康”。五是“改善教师工作、学习和生活条件,建设农村学校教师周转住房”。六是“设立教师奖励基金,对长期从教、贡献突出的教师予以表彰奖励”。

（四）完善教师管理制度

一是要理顺教师管理使用体制。“市级教育行政部门统一组织中小学教师资格考试和资格认定，区县（自治县）教育行政部门按规定履行中小学教师的招聘录用、职务（职称）评聘、培养培训和考核等管理职能。”二是要严格教师准入。要求“完善并严格实施教师准入制度，建立教师资格证书定期登记制度”。三是要创新教师管理制度。“探索建立中小学及学前教育公办教师‘县管校用’机制，建立民办学校教师注册管理制度。加强学校岗位管理，建立并完善教师转岗、退出机制。”四是要完善教师职务（职称）制度。“建立统一的普通中小学、中等职业学校教师职务（职称）系列，在普通中小学和中等职业学校设置正高级职务（职称）。城镇中小学教师评聘高级职务（职称），原则上要有一年以上农村学校或薄弱学校任教经历。”五是要统一城乡义务教育学校教职工编制标准。“结合学校区位、班级数、学科等综合因素核定农村教师编制，保障农村学校教育教学需要。落实公办幼儿园及农村完全小学附设幼儿园（班）人员编制，并定期核定和补充。民办幼儿园按照国家有关标准配足保教人员。”六是要“建立和完善中小学教师和校长合理流动机制”。

二、基本依据

胡锦涛总书记指出，教育大计，教师为本。要把加强教师队伍建设作为教育事业发展最重要的基础工作来抓，充分信任、紧密依靠广大教师，努力造就一支师德高尚、业务精湛、结构合理、充满活力的高素质专业化教师队伍。温家宝总理指出，要重视教师职业理想和职业道德教育，增强广大教师教书育人的责任感和使命感。办好师范教育，提高教师业务水平，优化教师队伍结构，特别要加强农村教师队伍建设。制定、完善和落实好教师医疗、养老、住房、绩效工资等政策，积极改善教师的工作和生活条件。在全社会弘扬尊师重教的良好风尚，让教师成为全社会最受人尊敬、最值得羡慕的职业。

（一）切实解决师德师风建设问题

师德是教师最重要的素质，是教师队伍建设的核心和重点。师德水平的高低是人民群众对教育工作满意与否的一个重要标尺。师德建设是教育改革发展的内在需要,关系着教育的质量,更影响着国家的未来。2008 年,重新修订实施的《中小学教师职业道德规范》从教师职业特点和教师自身发展的角度出发,对师德建设提出了爱国守法、爱岗敬业、关爱学生、教书育人、为人师表、终身学习等六个方面的要求。

(二)切实解决教师专业发展水平问题

《国家中长期教育改革和发展规划纲要(2010—2020 年)》提出要"努力造就一支师德高尚、业务精湛、结构合理、充满活力的高素质专业化教师队伍",既明确了教师队伍建设的总体目标,又为促进教师专业发展指明了方向。2011 年 1 月,教育部印发实施《教育部关于大力加强中小学教师培训工作的意见》(教师〔2011〕1 号),要求"紧扣培养造就高素质专业化教师队伍的战略目标,以提高教师师德素养和业务水平为核心,以提升培训质量为主线,以农村教师为重点,开展中小学教师全员培训,努力构建开放灵活的教师终身学习体系,加大教师培训支持力度,全面提高教师素质,为基本实现教育现代化,建设人力资源强国提供师资保障"。努力培养和造就一批具有先进教育理念、独特办学风格的人民教育家,是重庆"建设成为西部地区教育高地和长江上游地区教育中心,率先进入全国教育强市和人力资源强市行列"的根本保障。

(三)切实解决教师地位和待遇问题

教师是神圣的职业。2009 年 9 月 10 日,国务委员刘延东同志指出"要满腔热情关心教师,提高教师的政治地位和社会地位,努力改善教师的学习、工作和生活条件,吸引和鼓励优秀人才长期从教、终身从教。要完善医疗、养老、住房等社会保障,维护教师合法权益。要特别重视农村教师队伍建设,千方百计帮助农村教师排忧解难。要加强对教师的培养培训,切实提高教师队伍的整体素质。要通过深化人事分配制度改革等措施,激发广大教师的聪明才智和创造热情。要大力表彰和宣传长期从教、贡献突出的教师,在全社会进一步形成尊师重教的浓厚氛围"。只有教师的待遇提高了,才能稳定建设队伍,提高教育教学质量,也只有教师的待遇提高了,才能吸引更多的优秀人才进入教师队伍,提高教师队伍的整体水平。

(四)建立健全教师管理制度

教师队伍建设要以教师管理制度为保障。良好的教师管理制度对于规范教师的教育教学，保障学校的教育质量具有重要作用。从教育职业的入口、过程和出口三个环节强化对教育人事管理，是提高教师队伍素质，激发工作积极性，保障教育质量的关键。城乡教师流动困难的主要症结在人事制度。从教育人事管理入手，建立科学的管理制度和有效的激励机制，才能真正缩小城乡师资的差距。改革专业技术职务聘任制，建立以教师专业发展为导向的分类考核评价制度，有利于优秀教师脱颖而出。因此，建立科学、合理、高效的教师管理体制和运行机制，是非常重要的。

三、突破创新

一是提出教师队伍建设目标。《教育规划纲要》第 71 条要求："努力建设一支师德高尚、业务精湛、结构合理、充满活力的专业化教师队伍。"

二是加强师德考核工作。《教育规划纲要》第 71 条要求："建立教师职业道德信誉记录制度，将师德师风作为教师年度考核的重要内容和评优奖励的重要依据。"

三是倡导教育家办学。《教育规划纲要》第 72 条要求："倡导教育家办学，营造有利于教育家成长的办学环境，培育造就一批名校长、名教师、学术(技术)带头人和学科领军人才。"

四是依法保障教师工资福利待遇。《教育规划纲要》第 73 条要求："落实和完善教师绩效工资政策，依法保证教师平均工资水平不低于或高于当地国家公务员的平均工资水平，并逐步提高。"同时，要"落实教师医疗、养老等社会保障政策，定期组织教师参加体检，关注教师心理健康"，"改善教师工作、学习和生活条件，建设农村学校教师周转住房"，"设立教师奖励基金，对长期从教、贡献突出的教师予以表彰奖励"。

五是打破教师终身制。《教育规划纲要》第 74 条要求："完善并严格实施教师准入制度，建立教师资格证书定期登记制度。落实教师聘任制。"同时，要"探索建立中小学及学前教育公办教师'县管校用'机制，建立民办学校教师注册管理制度"，"加强学校岗位管理，建立并完善教师转岗、退出机制"。

六是完善教师职务（职称）制度。《教育规划纲要》第74条要求："建立统一的普通中小学、中等职业学校教师职务（职称）系列，在普通中小学和中等职业学校设置正高级职务（职称）。"

七是统一城乡学校编制标准。《教育规划纲要》第74条要求："统一城乡义务教育学校教职工编制标准，结合学校区位、班级数、学科等综合因素核定农村教师编制，保障农村学校教育教学需要。""落实公办幼儿园及农村完全小学附设幼儿园（班）人员编制，并定期核定和补充人员编制。民办幼儿园按照国家有关标准配足保教人员。"

第四节　推进教育信息化

信息技术带来了人类社会生产和生活方式的巨大变革，也改变了传统的教学模式、教学内容和办学方式，对教育发展具有革命性意义。

一、主要措施

（一）加快教育信息化基础设施建设

一是要"加快建设教育信息网络，实现多种方式接入互联网"。二是要"推进'数字校园'建设，加快教学终端设施普及，重点为农村中小学配备多媒体远程教学设备"。三是提出了教育信息化基础设施建设目标："到2020年，建成覆盖城乡学校的教育信息网络体系和数字化教育服务体系。"

（二）加强优质教育资源开发和应用

一是要加强七个资源库建设，即"加强学前教育、义务教育、高中阶段教育、职业教育、高等教育、继续教育及教师教育资源库建设"。二是要"引进优质教学资源，开发地方特色资源，建设数字图书馆和虚拟实验室"。三是要搭建四个平台，即"开放式与智能化的教育资源公共服务平台、城乡居民终身学习平台、大学城资源共享平台和语言文字网络学习及测试平台，促进优质教育资源的普及应用"。四是要"提高远程教育质量，创新网络教学模式，改善教师教学装备条件，提升教师教育技术应用能力"。五是要"引导学生主动利用信息手段学习，全面提高学生运用信息技术分析解决问题的能力"。

(三)推进教育管理信息化建设

一是要"整合各类教育管理网络资源,建立相对独立、资源共享、符合电子政务建设要求的教育行政管理虚拟专网"。二是要"建立安全可靠、运行协调的电子政务和电子校务办公体系,提升教育行政管理、学校管理的信息化和规范化水平"。三是要"按照政务公开要求,建立为民服务和公务受理的协同体系,为公众办事和了解教育信息提供方便"。

二、基本依据

(一)以教育信息化带动教育现代化

进入21世纪,教育与技术的结合越来越紧密,远程教育、多媒体教学、电子课堂、电子书包、新型电子学习终端等新的教育形式和教育工具不断涌现。教育信息技术的特点是数字化、网络化、智能化和多媒体化,其基本特征是开放、共享、交互、协作。教育信息化的发展带来了开放、便捷、人人可用的终身学习网络和服务平台,创造了方便、灵活、个性化的学习条件,为学习型社会的构建创造了物质条件基础,直接推动了教育的现代化。

(二)充分发挥教育信息化的作用

在推进教育现代化、建设学习型社会的过程中,传统的教育正经历着由以教为主向以学为主的转变,由以课堂教育为主向以课堂、远程教育多种形式并存转变,由以在校学生为主体向以全体公民为主体转变,由单一需求向多样化需求转变,学习内容更加丰富,学习方式更加灵活,学习对象更加多元,学习目的更加多样。《国家中长期教育改革和发展规划纲要(2010—2020年)》确立了到2020年教育信息化的目标,即"基本建成覆盖城乡各级各类学校的教育信息化体系,促进教育内容、教学手段和方法现代化"。具体而言,就是要构建完备的教育信息化体系,建设教育信息化发展的政策与制度环境,包括领导体制、法律法规、投入保障、基础设施运行管理等。基础教育、高等教育、职业教育和继续教育等各级各类教育的信息化水平要有大幅度提高,现代化水平明显提升。教育信息资源有效整合与共享,并使学习者时时、处处可以方便获取学习的相关信息。终身教育公共服务体系基本建立。教育管理信息化水平大幅度提高,教育管理与决策更加科学、民主。国民整体信息素养显著增强,运用信息技术的能力显著提高。

(三)重视教育信息基础设施建设和开发应用工作

要以标准化和数字化校园建设为先导,加快教育信息标准的研制和标准体系的建立;以资源共享为核心,建好包括学前教育、基础教育、高等教育、职业教育和继续教育在内的优质教育资源库;以网络信息基础设施建设为支撑,形成天地结合、多网互联互通的教育信息传输体系。教育信息基础设施建设,要坚持将农村学校信息基础设施建设作为重点,尽快为农村学校配备信息化教育教学设施,使农村学校能够共享优质教育资源,缩小城乡学校数字化鸿沟。同时,还应重视教师和学生教育信息技术的应用技能培养。

三、突破创新

一是建设"七大资源库"。《教育规划纲要》第76条要求:"加强学前教育、义务教育、高中阶段教育、职业教育、高等教育、继续教育及教师教育资源库建设。"

二是搭建"四个平台"。《教育规划纲要》第76条要求:"搭建开放式与智能化的教育资源公共服务平台、城乡居民终身学习平台、大学城资源共享平台和语言文字网络学习及测试平台,促进优质教育资源的普及应用。"

三是开发地方特色资源。《教育规划纲要》第76条要求:"引进优质教学资源,开发地方特色资源,建设数字图书馆和虚拟实验室。"

四是建立教育行政管理虚拟专网。《教育规划纲要》第77条要求:"整合各类教育管理网络资源,建立相对独立、资源共享、符合电子政务建设要求的教育行政管理虚拟专网。"

第五节 推进依法治教

完备的教育法制是推进教育事业科学发展的加速器和有力保障。改革开放以来，国家大力推动教育立法，全面推进依法行政，大力加强普法与依法治校，为推进教育的改革和发展，为保护学生受教育权和教师、学校的合法权益，提供了坚实的法治基础。《教育规划纲要》高度重视法制建设对教育事业科学发展的重要作用，适应教育改革发展的新形势、新任务，提出了“推进依法治教”的任务和措施，将对未来教育产生深远的积极影响。

一、主要措施

（一）加强地方教育立法工作

《教育规划纲要》加强地方教育立法工作的重要措施是“一修订九制定一形成”。“一修订”即“修订重庆市义务教育条例”。“九制定”即“制定重庆市学校安全条例、民办教育促进条例、学前教育条例、高等教育条例、终身教育条例、特殊教育条例、教育督导条例、中外合作办学条例、教育投融资条例等地方教育法规和规章”。“一形成”即“基本形成与国家教育法律法规配套、符合重庆实际的地方教育法规体系”。

（二）全面推进依法行政

一是“各级政府要按照建设法治政府的要求，依法履行教育职责”。二是要“进行教育行政执法体制机制改革，落实教育行政执法责任制，加大教育行政执法工作力度，及时查处违反教育法律法规、侵害受教育者权益、扰乱教育秩序等行为，依法维护学校、学生、教师、举办者和管理者的权益”。三是要“完善教育信息公开制度，保障公众对教育的知情权、参与权和监督权”。

（三）大力推进依法治校

一是“学校要建立有效的教育事务处理机制，完善符合法律法规和体现自身特色的学校管理制度，依法履行教育教学和管理职责”。

二是要“坚持开展普法教育,促进师生提高法律素质,增强公民意识”。三是要“完善教师和学生的申诉制度,建立健全教育救济制度,保障师生合法权益”。四是要“依法管理国有资产和学校法人财产”。

二、基本依据

(一)完善地方教育法规和教育规章契合教育改革发展的需要

改革开放以来,全国人大及其常委会先后制定了以《教育法》为核心的7部教育法律,国务院颁布了10多部教育行政法规,教育部发布了70多件规章。这些法律法规规章与大量的地方教育行政法规和地方政府规章,形成了中国特色社会主义教育法律法规体系的基本框架。但随着教育改革发展的不断深化,现行的教育法律体系存在一些问题,必须完善中国特色社会主义教育法律法规,为教育事业科学发展提供更强有力的法制保障。

(二)依法行政是建设法治政府的内在要求

依法行政是现代社会政府运作的基本准则,要求行政机关及其公务人员必须依法行使行政权,其核心是规范行政权力。依法行政是依法治国的重要组成部分,对保障依法治国基本方略的实施具有决定性的意义。依法行政强调国家行政机关依照法定职权和程序,针对特定事项和特定行政管理相对人,适用法律规范并产生相应的法律效果。依法行政强调公开、公平、公正。探索教育行政执法体制机制改革,是当前推进依法行政、加强教育行政执法的一项重要任务。落实教育行政执法责任制,是保障教育法律法规实施的重要制度。完善教育信息公开制度,是将教育行政权力的运作置于公众监督之下的重要措施。

(三)依法治校是现代学校管理的基本模式

推进依法治校、依法办学,是实现教育现代化的重要条件。实行依法治校,就是要在依法理顺政府与学校关系、落实学校办学自主权的基础上,制定完善学校章程和各项制度,实现学校管理与运行的制度化、规范化,依法保障学校、学生、教师、校长和举办者的合法权益,形成政府依法行政、学校依法自主办学、社会依法参与和监督的格局。推进依法治校，有利于政府进一步转变职能，严格依法办事；有利于建设现代学校制度，推动学校科学发展体制机制的形成；有利于运用法律手段调整、规范和解决学校改革与发展中出现的问题，维护各方合法权益。推进依法治校是涉及政校关系、学校办学理念、内部治理结构、维护各方权益的系统工程。

三、突破创新

一是改革行政执法体制机制。《教育规划纲要》第79条要求："进行教育行政执法体制机制改革，落实教育行政执法责任制，加大教育行政执法工作力度。"

二是落实学校法治。《教育规划纲要》第80条指出"学校要建立有效的教育事务处理机制，坚持开展普法教育，完善教师和学生的申诉制度，建立健全教育救济制度，依法管理国有资产和学校法人财产。"

第六节 实施教育重大工程

重大工程立足于国情市情，以优先发展教育、统筹城乡教育、建设长江上游教育中心和西部教育高地为目标，着眼于促进教育协调均衡发展、提高教育质量和提升教育综合实力三个维度，集中力量加强教育基础设施条件建设、提高综合办学水平、建设高水平教师队伍、扩大教育对外开放、提升教育服务能力、推进教育信息化建设以及扶持区域教育协调发展等薄弱环节，解决一批社会公众关心的热点和难点问题，努力提升我市教育现代化水平和核心竞争力。

一、主要措施

重大工程共计九项，包括：学前教育推进工程、中小学校标准化建设工程、职业教育基础能力建设工程、高等学校核心竞争力与质量提升工程、继续教育推进工程、教师队伍建设工程、"五个校园"建设工程、教育对外开放工程、三峡库区与民族地区教育扶持工程等。

(一)缩小城乡、区域和学校差距,促进教育均衡协调发展

当前,城乡之间、区域之间和学校之间教育资源布局不尽合理,办学基础条件和教育质量差距较大,必须着力加快农村教育发展。一是实施学前教育推进工程。以乡镇中心幼儿园和市级示范幼儿园建设为重点,普及学前教育,规范办园行为。二是实施中小学校标准化建设工程,改善办学基础设施条件,推进义务教育均衡发展。三是实施三峡库区与民族地区教育扶持工程。加大三峡库区移民迁校和扩建力度,确保所有移民子女安全上学。加快渝东南少数民族地区教育发展,新建一批农村寄宿制学校,加固、改造中小学校舍。四是高度重视农村和边远地区师资队伍建设,采取一系列措施,加强教师队伍师德建设,提升教师专业化水平,提高教师地位和待遇、完善教师管理制度,努力建设一支高素质教师队伍。五是大力推进农村学校教育信息化进程。实施中小学校园网和"班班通"建设计划,按标准配置网络教室、多媒体教室、电子阅览室以及多媒体教学和卫星接收设备,提高计算机生均比例。六是营造良好校园环境。根据市委市政府建设"五个重庆"的精神,全力建设"五个校园"。

(二)提升高等教育综合实力,建设西部教育高地

与东部沿海高等教育强省相比,我市高等教育总量相对不足,结构还需优化,总体水平不高,队伍建设亟待加强,科技服务社会能力还需进一步提升,经费投入尚需加大。为此,《教育规划纲要》中提出了"高校核心竞争力与质量提升工程"。一是建设高水平大学和特色学校。重庆高等教育综合实力的提升,是建设西部教育高地和人力资源强市的基本要求。二是加快学科专业结构调整与优化。围绕国家战略性新兴产业发展和重庆工业化、城镇化、城乡一体化进程,引导高等学校科学定位,办出特色,构建国家、市级、学校三级和基础、应用、交叉新兴学科三类学科体系,推进各学科门类协调发展。三是加强人才队伍建设,培育一批以高水平领军人才为核心的科技创新团队和教学团队,增强高等教育软实力,促进人才强市建设。四是培养造就高素质专门人才和拔尖创新人才。牢固确立人才培养在高等学校工作中的中心地位。实施教学质量与教学改革工程,探索建立

起符合高层次、高质量、高素质创新人才成长要求的培养模式和管理机制，加快发展专业学位研究生教育，建设一批特色专业、精品课程、精品教材、双语示范课程、实践教学示范中心；开展一批市级教育教学改革研究重大项目研究；不断完善科学的教学质量监控体系等。强化实践教学环节，加快大学生创业孵化基地建设，加强大学生创业教育，营造自主创业的良好社会氛围。五是提升高等学校科学研究水平。加强国家实验室、重点实验室、工程技术研究中心、人文社科重点研究基地建设。以重大项目为依托，建设一批国际国内一流的重点学科和高水平、开放式、国际化科技创新平台与研究基地，建设一批国家级、市级人文社会科学重点研究基地。鼓励围绕人才培养、社会服务和水平提升积极开展自然科学、哲学社会科学和应用技术研究，增强高等学校服务经济社会发展的能力。

（三）加快职业教育发展，满足社会对紧缺技能型人才和实用人才的迫切需求

目前我市职业教育培养培训体系尚需规范，师资状况亟待加强，实习实训基地数量偏少，人才培养质量有待提高。在《教育规划纲要》中提出了“职业教育基础能力建设工程”。一是加快建设三峡库区国家职业教育与培训试验区。支持建设一批中等职业教育改革示范校和优质特色校。二是支持高等职业教育示范校建设。加快生产、服务一线急需的技能型人才，特别是现代制造业和现代服务业紧缺的高素质技能专门人才的培养。三是在主城区和六大区域中心城市的规模以上企业，支持建设一批职业教育集团和多功能企业实践教育基地。四是着力加快“双师型”职教师资队伍建设，大力实施职业学校紧缺专业特聘兼职教师资助等计划，加快职教师资企业实践教育基地建设和扩大教师参加企业实践培训的范围。五是广泛开展农民工择业、转岗技能培训和农村实用技术培训。以渝东北、渝东南地区职业教育发展为重点，加强农村职业教育基础能力建设。

（四）扩大教育对外开放力度，推进内陆开放型城市建设

未来十年是我国经济社会发展难得的战略机遇期。当前重庆教育开放意识有待加强，开放力度不够，开放程度不深，开放效果尚不

明显。为了积极应对全球经济危机和国外优质教育的激烈竞争,需要做好以下三个方面:一是解放思想,开拓创新,探索扩大教育对外开发的新途径、新领域、新机制。二是加强汉语国际推广,扩大外国留学生和港澳台学生招生规模。三是全方位开展教育国际国内合作与交流。

(五)构建较为完善的学习型社会和终身教育体系

建设长江上游教育中心和学习型城市,提高市民文化素质,增强直辖市的影响力和辐射力,必须大力加快继续教育发展。当前,继续教育发展缺乏统一认识和战略统筹,投入严重不足,资源配置不平衡。已有的继续教育机构良莠不齐,难以满足和适应人民群众提升自身素质的要求。为此,《教育规划纲要》安排了"继续教育推进工程"。一是明确继续教育四大战略重点和三大主要任务。二是建立健全层次分明,城乡互动,分工合理的继续教育新体系。按照"规范、整合、巩固、培育"的思路,科学发展传统继续教育施教机构;积极引进市外、境外培训机构来渝办学,大力培育新的社会培训机构;加强社区、村镇居民文化教育活动中心建设。三是实施现代远程教育推进计划,建成重庆开放大学。

二、基本依据

(一)学前教育推进工程

农村幼儿教育是整个幼教事业发展的重大问题。《国家中长期教育改革和发展规划纲要(2010—2020年)》指出:重点发展农村学前教育,努力提高农村学前教育普及程度。在学前教育推进工程中抓"乡镇中心园建设"和"示范幼儿园建设",突出了抓规范教育、抓优质教育两个重点。目前,我市农村乡镇中心幼儿园仅有600所,市级示范幼儿园70所,尚未实现区县全覆盖面,并且校舍、教学设备等办学基础条件较差。这一现状与我市经济发展和教育发展不相匹配。为推进农村幼儿教育体系建设,加强和落实各级政府发展学前教育的责任,《教育规划纲要》以乡镇中心幼儿园和市级示范幼儿园为重点,按照学前教育"到2012年,普及学前一年教育,学前三年毛入园率达到75%;到2015年,基本普及学前三年教育,毛入园率达到80%"的发展目标,规划到2012年,新建乡镇公办中心幼儿园700所,实现乡镇中心幼儿园全覆盖;到2015年,每个区县建成2—3所市级示范幼儿园。

(二)中小学校标准化建设工程

义务教育均衡化重点在农村。当务之急是加大投入,改善办学条件,着力解决农村适龄人口远距离入学和留守儿童的教育及管理问题。目前,全市中小学达标率仅为35%。建设农村寄宿制中小学、实施校舍标准化以及改善师生工作生活条件等,必将大力推动教育城乡均衡化发展。高中阶段教育方面,全市普通高中学校布局不尽合理。

针对现实情况,《教育规划纲要》提出:实施中小学校标准化建设工程,全面改善农村中小学的办学条件,加强配套设施建设,解决好农村留守儿童上学寄宿问题,基本实现区域内义务教育均衡发展。加快寄宿制高中和优质特色高中建设,着力解决高中容量不足导致大班额现象和校园环境配套设施不全等突出问题。计划到2012年,新建中小学115所(小学35所、初中40所、高中40所),新建特殊教育学校2所,改扩建特殊教育中心2个、特殊教育学校22所,拆除重建195万平方米D级危房,加固改造七度以上地震高烈度区和地震重点监视防御区C级危房面积298万平方米,中小学校标准化率达到70%。到2015年,完善2 000所农村寄宿制学校功能配套建设,新建15所高水平寄宿制高中,加固改造地震重点监视防御区C级危房241万平方米,中小学校标准化率达到80%。

(三)职业教育基础能力建设工程

一是加快建设三峡库区国家职业教育与培训试验区。积极争取教育部、国务院三峡办等方面支持,落实《共建三峡库区职业教育和技能培训试验区协议》,实现库区职业教育与培训规划布局一体化、资源配置现代化、政策制度最优化、服务能力最大化。

二是支持建设一批中等职业教育改革示范校和优质特色校。按照教育部及重庆市颁布的有关标准,通过改扩建等方式,完善中职学校的办学条件,拓展办学功能,使我市中等职业教育办学条件得到明显改善,整体办学水平得到明显提高。《教育规划纲要》明确:到2020年,建成国家示范中等职业学校30所,国家重点中等职业学校40所,市级重点中等职业学校50所。

三是支持高等职业教育示范校建设。加快生产、服务一线急需的技能型人才,特别是现代制造业和现代服务业紧缺的高素质技能专门人才的培养。《教育规划纲要》明确提出:到2012年,以培养动手能力为核心大力发展高等职业教育,新建3所市级示范高等职业院校,3所国家骨干高等职业院校。到2015年,立项建设5所市级示范高职学院,力争2所进入国家示范高职建设立项单位。

四是在主城区和六大区域中心城市支持建设一批职业教育集团和多功能企业实践教育基地。计划到2012年,建成教学、培训、鉴定、生产一体化的实训基地50个,建成农民工培训集团5个,农民工培训基地10个,开发50个网络化技能训练平台等。

五是广泛开展农民工择业、转岗技能培训和农村实用技术培训。以渝东北、渝东南地区职业教育发展为重点,加强农村职业教育基础能力建设。计划在主城区建设1个移民培训就业基地,库区建设15个移民培训就业基地。到2012年,实现向社会输送150万名以上的中高级技能人才、转移培训农村劳动力125万人次,培训农村实用人才1 000万人次的目标。

(四)高校核心竞争力与质量提升工程

一是高水平大学和特色学校建设。目前,重庆市已进入国家"211工程""985工程"高校2所,已有7所博士授权高校,15所硕士授权高校。国家提出要建立高校分类体系,实行分类管理,引导高校合理定位,克服同质化倾向。要引导其他各类高校在不同层次、不同领域办出特色,争创一流,这里不仅包括本科的大学和学院,也包括高职高专的学院。重庆在现有西南政法大学、重庆医科大学、重庆邮电大学、重庆交通大学、重庆师范大学、重庆工商大学、重庆理工大学、四川外语学院、四川美术学院、重庆科技学院等特色高校中,再争取1—2所高校进入"211工程",争取3—5所高校成为国家西部及行业特色学校。到2012年,力争进入国家“211工程”、高水平行业特色院校建设行列的普通高等院校达到2至4所。到2015年,博士学位授予权单位达到9个,硕士学位授权单位达到16个。

二是加快学科专业结构调整与优化。目前,全市拥有一级学科博士学位授权点33个,一级学科硕士学位授权点97个,国家级重点学科39个、市级重点学科149个,国家重点实验室4个、部市级重点实验室93个,国家工程研究中心6个、部市级工程技术研究中心26个。“十二五”期间,我市重点学科将建立以国家重点学科为龙头,市级重点学科为骨干,学校重点学科为基础,重点实验室、工程技术中心、人文社科基地为主要支撑平台的三级重点学科体系基础框架。考虑到目前学科点的增加取决于国家对此项工作的开展及评审指标的控制,结合创新型城市体系建设,通过整合各类资源,《教育规划纲要》要求:支持地方或行业背景高校建设优势重点学科、重点实验室和工程中心、社科基地等,创建一批高水平、开放式、国际化的科技创新平台和人文社会科学研究基地;建设一批高水平学科专业,服务重庆主导产业群发展,全面提高重庆高等教育整体水平和综合实力,力争到2012年,一级学科博士点达到40个,一级学科硕士点达到160个;国家级重点学科达到39个,市级重点学科达到150个;国家重点实验室达到5个,部市级重点实验室达到95个,国家工程技术研究中心达到6个,部市级工程技术研究中心达到35个等。到2020年,建成国家级重点学科50个,市级重点学科220个,国家级重点实验室8个,国家级工程(技术)研究中心10个,部市级工程(技术)研究中心50个。

三是培养造就高素质专门人才和拔尖创新人才。《教育规划纲要》提出:实施教学质量与教学改革工程,探索建立起符合高层次、高质量、高素质创新人才成长要求的培养模式和管理机制,加快发展专业学位研究生教育,建设一批特色专业、精品课程、精品教材、双语示范课程、实践教学示范中心;开展一批市级教育教学改革研究重大项目研究;不断完善科学的教学质量监控体系等。强化实践教学环节,大力开展创业教育。

《教育规划纲要》规划到2012年，建成市级本科特色专业180个、高职高专特色专业和重点专业100个。按新方案完成在渝高职高专院校人才培养工作评估。建成国家级精品课程80门、市级精品课程400门，其中市级高职高专精品课程100门左右。遴选240个市级教学团队，其中高职100个。遴选双语教学重点建设课程200门。建成市级双语教学示范课程80门。建设市级规划教材(包括实验教材)600—1 000种，评选市级精品教材300种。建成人才培养模式创新实验区50个，建设大学生创新活动基地30个，以课题形式资助1 000项研究性学习、创新性实验和创业实践项目，15个大学生文化素质教育基地。建成市级实验教学示范中心80个，建成30个示范性外语学习中心。立项资助1 600项市级教育教学改革研究项目，其中重点资助60个左右的重大项目和400个重点项目。与此同时，每年遴选60门研究生优质课程及100名优秀研究生导师；评选30篇优秀博士论文和100篇优秀硕士学位论文；建设15个左右的研究生创新基地。

今后国家将把专业学位作为规模发展的重点方向。2009年开始，国家新增应届生攻读专业学位的指标，不仅限于在职人员。到2012年，新增专业学位举办种类将达到10个。按照全日制研究生规模5万人，其中40%为专业学位研究生计算，专业学位研究生教育在学人数达到2万人。

四是加快产学研深度融合，提升自主创新能力。在自主创新与产学研一体化建设方面：根据市政府《关于推进产学研结合提高自主创新能力的意见》，至2012年，在汽车摩托车、机械装备、医药化工、新材料、电子及仪表和农副产品深加工等领域培养建立50个以上重点产学研合作战略联盟。同时，按照《关于印发重庆市统筹城乡教育综合改革试验实施方案的通知》，建立10个产学研示范园区。目前，我市高校在第三代移动通信技术、工业CT、乙肝疫苗、超声波肿瘤治疗大型医疗设备、家蚕基因组框架图、幽门螺旋杆菌等成果居国内外领先。依托这些成果，到2012年，建成8—10个国内领先的高等院校科技创新成果转化平台的目标可行。计划在2010—2012年期间，建立50个产学研战略合作联盟、10个产学研示范园区。建设9个国内领先的高等院校科技创新成果转化平台。设立高等院校产学研一体化专门奖项。每年评选表彰20名推进产学研一体化作出突出贡献的先进集体和个人。在人文社会科学繁荣发展建设方面:目前我市有中国长江上游经济研究中心、三峡库区经济社会发展研究中心、乌江流域社会经济文化研究中心等国家级、市级区域发展战略研究基地,到2012年,加强现有基地的建设,力争建成5个区域发展战略研究基地。建成国家、市级人文社会科学重点研究基地4个、40个。关于数据库建设,重庆现有国家级综合数据库"重庆维普",到2020年建成3—5个数据库较为合适,既可保持一定的竞争力,又能实现资源共享,防止重复建设。市级数据库可按侧重点不同建设10个左右,也可以考虑合建成1—2个综合性数据库。2010—2012年期间,规划建成国家、市级高校哲学社会科学管理数据库1—3个,同时设立"重庆人文社会科学优秀成果奖"。

五是加快基础设施建设,增强高等教育可持续发展能力。《教育规划纲要》将实施高校异(易)地改扩建和大学城"五个一体化"建设计划,到2012年,新增高等院校教育用地1.0万亩,新增校舍500万平方米,教学仪器设备10亿元,图书1 000万册。

六是大学生自主创业孵化基地建设。目前,重庆大学生创业的社会氛围与沿海地区差距还很大,需加快大学生创业基地建设,增加数量,科学布局,加强大学生创业教育,培养创业意识,营造自主创业的良好社会氛围。我市现有各类高校61所,已建"重庆大学生创业孵化基地"一个,市政府也出台优惠政策,引导和带动更多的孵化器及社会机构创办大学生创业孵化基地(园区)。因此,到2012年,建成10个市级大学生创业孵化基地、10个高等院校创业孵化基地和10个区县创业孵化基地的"3个10"目标符合实际,能够实现。

(五)师资队伍建设

一是学前教育和义务教育教师队伍建设方面:"教师队伍建设工程"中专门提出并实施了"学前教师队伍规范配置计划""义务教育学校教师队伍均衡配置计划""普通高中教师队伍增量提质计划"以及"名师名校长建设计划"等。到2012年,完成培训中小学及幼儿园骨干教师4 500名、巴渝教育家培训对象40名、骨干校长1 000名。免费培训中小学教师7万名，开展普通高中学校教师全员新课程培训。新增普通高中学校教师1万名，中等职业学校特聘教师1 000名。建成名师工作室8个。到2015年，免费培训中小学教师7万名，培训中小学及幼儿园骨干教师6 000名、巴渝教育家培训对象60名、骨干校长1 300名。建成名师工作室10个。

二是加快“双师型”职教师资队伍建设方面：根据《关于加强中等职业学校“双师型”教师队伍建设的意见》(渝教师[2009]26号)，重庆市首批认定了3个企业行业实践基地，已建成2个职教师资企业实践教育基地，正处于起步发展。目前，中职“双师型”教师仅占39.2%；骨干教师200余名；资助特聘教师200名左右，比例偏低。为此，《教育规划纲要》在“教师队伍建设工程”中专门提出：2010－2012年期间，努力建成10个职教师资企业实践教育基地；中职“双师”型教师达到70%，其中取得高级技能等级证书的达到20%；完成专任教师轮训一遍，其中参加企业实践培训比例达到60%；资助中等职业学校特聘教师1 000名。

三是加强高层次人才队伍建设方面：目前，我市评聘“巴渝学者特聘教授”20名；资助高校中青年优秀人才30名；选派100名中青年教师参加国内研修培训；现有国家百千万人才工程国家级人选53名、国家有突出贡献的中青年专家43名、长江学者人选16名、全国高校教学名师8名；教育部创新团队5个、重庆市高校创新团队23个。按照《国家中长期人才发展规划纲要(2010－2020年)》和《国家中长期教育改革和发展规划纲要(2010－2020年)》要求，“教师队伍建设工程”中安排了“高校中青年骨干教师队伍及创新团队建设”，培育一批以高水平领军人才为核心的科技创新团队和教学团队，促进人才强市建设。到2012年，在渝院士、特聘院士达到50名左右，“两江学者”达到10名，评聘“巴渝学者特聘教授”60名，集聚新世纪“百千万人才工程”国家级人选80名、长江学者人选30名、国家教学名师10名以上。资助高校中青年优秀人才60名，选派400名中青年教师参加国内研修培训，200名中青年教师参加海外研修培训；集聚国家百千万人才工程国家级人选 80 名、国家有突出贡献的中青年专家 60 名、长江学者人选 30 名、全国高校教学名师 20 名;建设教育部创新团队和重庆市高校创新团队 50 个。到 2020 年,评聘“巴渝学者特聘教授”100 名、“两江学者”达到 10 名以上,集聚新世纪“百千万人才工程”国家级人选 200 名、长江学者人选 50 名。

(六)“五个校园”建设工程

创建“平安校园”。目前,全市平安校园已验收达标 600 余所,部分学校安全基础设施较差,技防设施安装不到位,保障体系不健全。完成改造 D 级危房 46 万平方米,C 级危房 53 万平方米,重建校舍 102 万平方米,加固校舍 53 万平方米,占三年计划任务目标的 26.9%。《教育规划纲要》提出:到 2012 年全市校舍建设和教学设备设施等安全要求达到国家规定标准,学校法制安全教育课程设置率达到 100%,建成平安校园示范学校 100 所,全市平安校园达标率达到 100%。为此,2010—2012 年期间,计划 8 000 余所学校安装视频监控和报警系统;拆除重建全市 149 万平方米 D 级危房,加固改造七度以上地震高烈度区的荣昌县和三峡库区腹心地带 8 个区县 C 级危房面积 120 万平方米,重建校舍 218 万平方米,加固校舍 96 万平方米。

创建“健康校园”。规划到 2012 年,建成健康校园示范学校 100 所,全市学生体质健康标准抽样合格率达 95%以上。全市中小学体育器材配备率达到 100%,体育场地达标率达到 80%,体育教师配备率达到 80%以上,体育卫生条件达到《国家学校体育卫生条件试行基本标准》,加强中小学校医、心理健康教育教师配备。为此,2010—2012 年期间,建成 1 000 片中小学塑胶运动场;中小学配齐体育器材,基本配齐农村学校音乐、美术、卫生器材设备;建设农村完全小学和村小食堂,学校食堂全部达到卫生管理量化分级的合格要求,重点中学达到示范食堂要求,寄宿制学校食堂达到一级食堂要求;实施中小学生营养促进计划,为贫困生提供学生奶(蛋)和爱心午餐;农村学校基本建成安全饮水设施设备。

创建“绿色校园”。高标准实施校园绿化景观建设,建成 100 所绿色校园示范学校,校园绿地率达到 30%以上,绿体率达到 300%以上;

深入开展环境教育。学生在校期间至少种植一棵树和一株花草。

创建“人文校园”。建成人文校园示范学校100所,人文校园达标率达到80%以上。大力加强以社会主义核心价值体系为主要内容的校园人文教育。深入开展“唱读讲传”四位一体活动为主要载体的校园文化建设。开齐、开足学校艺术教育课程、课时,实施中小学体育、艺术和科技创新“2+2”项目计划,让每个中小学生具备一项艺术爱好特长。以文明学校和文明单位创建为抓手,全市高校和市教委直属学校100%建成文明学校。加强特色化、形象化的人文校园标识环境建设。

创建“数字校园”。规划到2012年,建成数字校园示范学校100所,数字校园达标率达到85%以上,初步建成西部地区教育信息化示范区。一是实施中小学校园网和“班班通”建设计划,按标准配置网络教室、多媒体教室、电子阅览室以及多媒体教学和卫星接收设备,提高计算机生均比例。到2012年,全市农村中小学校配置电视机、DVD、计算机等终端设备和接入设备6 500套;计算机教室(多功能室)8 500间(含库区农村中小学2 000间)。中小学校园网建设达到70%,中职学校校园网建设达到90%;中小学“班班通”建设率达到80%以上;学校上网率达到95%;中小学校学生计算机比达到12∶1,中职学生计算机比达到6∶1。二是建立全市教育信息化标准与规范,构建以重庆教育门户网、区县教育城域网、学校校园网、社区教育中心为主干的重庆教育网络平台。三是建立教育政务系统和教育信息服务系统以及覆盖各级各类学校的电子校务平台。四是加快信息化人才培养。

(七)三峡库区与民族地区教育扶持工程

一是继续加大三峡库区移民迁校和扩建力度,确保所有移民子女安全上学。加强抗震加固、危房改造、治理校园周边地质灾害等工作,加快义务教育学校标准化建设和高中阶段教育发展。《教育规划纲要》规划到2012年,加固、改造三峡库区175米蓄水后新增危房472万平方米;积极争取三峡工程后续工作规划资金,支持库区学校建设,妥善化解库区学校迁建债务。

二是加快渝东南少数民族地区教育发展。渝东南是以黔江为核心的民族地区，集“老、少、边、山、穷、库”为一体，随着渝怀铁路的开通，区域发展较快。该地区现有义务教育阶段在校生小学28.5万人、初中17.5万人，其中农村中小学寄宿制学校294所共有在校生24.3万人，小学寄宿率为9.8%，初中寄宿率为61.7%。按照小学生寄宿率达30%、初中寄宿率达60%的要求，渝东南地区尚需为5.8万小学生提供寄宿条件即新建学生宿舍29万平方米、学生食堂11.6万平方米、生活用厕所1.8万平方米。按照标准化建设的要求，现有寄宿制学校尚差学生宿舍33.2万平方米、学生食堂15.4万平方米、生活用厕所2.1万平方米。为此，《教育规划纲要》规划2010—2012年期间，新建和完善农村寄宿制学校150所；加固、改造中小学新增危房74万平方米。2013—2015年期间，新建和完善寄宿制学校144所，改扩建46万平方米校舍。

（八）教育对外开放工程

一是重庆建设内陆开放型城市需要进一步扩大教育对外开放。我国加入世界贸易组织后，中外合作办学呈现加速发展的势头，沿海地区申报的数量大大增加，中西部地区的中外合作办学项目开始起步，合作形式日益多样化。从地域分布看，中外合作办学机构相对集中在经济、文化较发达的东部沿海省份及大中城市。从合作对象国别和地区分布看，外方合作者主要来自经济发达、科技及教育先进的国家和地区，排名前5名的是：美国、澳大利亚、加拿大、日本、中国香港。从办学层次分布看，学历教育机构占多数，分析专业布局，主要涉及工商管理类、外国语言文学类、电气信息类、经济学类、艺术类和教育学类。目前“高等学校学科创新引智计划”引进的国外优质智力资源，已经成为助推高校培养优秀创新团队、强化学科创新能力的重要力量。创新引智基地总数达到77个。由此可见，重庆的教育对外开放思路具有可行性。

二是加强汉语国际推广，扩大外国留学生和港澳台学生招生规模。目前，重庆市已有孔子学院12所，选派了115名对外汉语教师和汉语志愿者出国，拥有2所国际学校，来华留学生达到3 416人规模。到2012年，力争在国外新建3所孔子学院和3所孔子课堂。选派对外汉语教师和志愿者 100 人。新增 2 所国际学校,建立 4 个汉语国际推广基地。来华留学生规模突破 5 000 人。到 2015 年,来华留学生规模突破 6 000 人,年聘请外国专家外籍教师 2 000 人,每年选派 600 名优秀人才出国进修学习。

三是全方位开展教育国际国内合作与交流。截止到 2009 年,重庆市已有中外合作办学机构和项目 17 个,已缔结友好学校 70 个,公派出国人数 482 人,聘请 1 506 名长短期外国专家和外籍教师。计划到 2012 年,中外合作办学项目达到 40 个。引进 10 个国际通行职业资格证书体系,20 个海外优质职业教育课程。缔结新的中外友好学校 25 所。设立公派出国留学基金,每年选派 500 名优秀人才出国进修学习。年聘请外国专家外籍教师达到 1 500 人左右。到 2015 年,中外合作办学项目达到 50 个,引进国际通行职业资格证书体系达到 20 个,海外优质职业教育课程达到 30 门。充分利用国际学术性会议进行学术交流。

(九)继续教育推进工程

一是明确继续教育四大战略重点和三大主要任务。四大战略重点是公务员与专业技术人员能力培训、职工岗位职业技能培训、在乡在土"留守"农民的培训、以信息技术为特征的现代远程教育。三大主要任务是巩固发展面向成人的学历教育、大力发展非学历继续教育、积极推进面向市民的素质教育。为此,《教育规划纲要》提出要开展覆盖城乡的成人职业培训,实施以提升应用能力为核心的学历教育;组织实施劳动者职业技能提升计划、社区教育发展计划等,不断提高市民文化素质,适应社会需求。

二是建立健全层次分明,城乡互动,分工合理的继续教育新体系。按照"规范、整合、巩固、培育"的思路,发展电大、高校、行业培训中心、进修校、党校(行政学院)、农广校、农民科教培训中心等传统继续教育施教机构;积极引进市外、境外培训机构来渝办学,大力培育新的社会培训机构;加强社区、村镇居民文化教育活动中心建设。计划到 2012 年,建成市级继续教育示范培训基地 10 个,市级继续教育示范区县 10 个,市级示范性社区继续教育指导站 300 个,示范乡镇成人文化技术学校100所,高等学校远程教育校外学习中心40个、函授站点100个。建成重庆城乡市民终身学习在线系统。到2020年,构建以继续教育资源库为支撑、电视教育网络与计算机教育网络相衔接、面向市民的数字化终身学习服务平台。建成市级继续教育示范区县20个,市级继续教育示范培训基地30个,市级示范性社区继续教育指导站400个,合格乡镇成人(技术)学校500所。

三是实施现代远程教育推进计划。计划到2015年,建成重庆开放大学,大力推进继续教育信息化建设。

三、突破创新

一是高度重视农村地区教育发展,基本实现区域内义务教育均衡发展。结合重庆中长期经济社会发展规划,特别是两江新区、三峡库区与民族地区发展、户籍制度改革迁移人口子女配套学校的建设等新情况、新要求,着力保障所有学生,尤其是让经济不发达地区学生享有基本的学习环境。《教育规划纲要》提出大力实施学前教育推进工程、中小学校标准化建设工程、三峡库区与民族地区教育扶持工程、"五个校园"建设工程等,全面改善农村中小学的办学条件,加强配套设施建设,解决好农村留守儿童上学寄宿问题。加快寄宿制高中和优质特色高中建设,着力解决高中容量不足导致大班额现象和校园环境配套设施不全等突出问题。

二是高度重视教师队伍建设。《教育规划纲要》提出:加强师德师风建设,提升教师专业化水平,培育造就一批名校长、名家、名师、学术(技术)带头人和学科领军人才。我市设立的"巴渝名师""巴渝名校长""巴渝教育家"等荣誉称号,体现区域特色,旨在树典型、奖名家、显风采,并鼓励社会团体、企业和个人建立优秀教师奖励基金。《教育规划纲要》着力加强农村教师队伍建设,将大力实施学前教育教师规范配置,义务教育教师均衡配置,普通高中教师增量提质,名师、名校长建设等六大计划,开展五年一周期的中小学和幼儿园校长(园长)、教师全员培训。要不断提高教师地位和待遇,依法保证教师平均工资水平不低于或高于国家公务员的平均工资水平,保证艰苦边远地区的教师高定工资，享受艰苦边远地区的津补贴。鼓励和引导优秀大学生到农村地区学校任教。改善教师工作、学习和生活条件，建设农村学校教师周转住房。

三是建设五个校园，努力构建和谐的育人环境。依据市府办公厅《关于建设“五个校园”的意见》(渝委办发〔2009〕50 号)文件精神，要努力建设“平安校园”“健康校园”“绿色校园”“数字校园”“人文校园”。这是推动教育事业科学发展、和谐发展、公平发展的一项重大决策。“五个校园”建设，既是对各种校园建设活动的一个资源整合，也是对学校建设的一个优化提升。“五个校园”建设，既有硬件建设的要求，也有软件建设的要求，其核心都是体现以人为本，目的在于促进学校内涵发展，优化育人环境，切实提升办学水平，全面提高育人质量，加快建设长江上游地区教育中心和西部地区教育高地。

四是增强教育服务经济社会发展的能力，建设创新型城市。加快产学研深度融合，提升自主创新能力。结合国家和重庆经济社会发展和产业结构调整，重点在自主创新与产学研一体化和人文社会科学繁荣发展建设方面，鼓励高校在知识创新、技术创新、国防科技创新和区域创新中作出贡献。在新能源、新材料、交通物流、信息技术、现代服务、装备制造等新兴战略产业方面，建设 9 大国内领先的高等院校科技创新成果转化平台，包括：汽车及其零部件创新技术与应用平台、三峡库区生态环境可持续发展研究中心、新一代宽带无线移动通信网研发平台、重庆航运产业科技支撑平台、重庆轨道交通技术与装备平台、综合交通枢纽与现代物流技术平台、重庆软件产业人才培养基地、现代服务业仿真实践与创业服务中心、石油天然气化工创新基地等。设立高等院校产学研一体化专门奖项。每年评选表彰一批先进集体和个人。高校应充分发挥优势，全方位开展社会服务，推进产学研用结合，加快科技成果转化，积极参加文化建设，参与决策咨询，做好智囊团和思想库。

第四部分 《教育规划纲要》有关问题解答

JIAOYU GUIHUA GANGYAO YOUGUAN WENTI JIEDA

1.在怎样的背景下制定的《教育规划纲要》?

答:直辖以来,在市委、市政府的高度重视下,重庆教育发展迅速,成绩显著,在全国产生了广泛影响,多次受到中央领导赞扬和肯定。新华社《每日电讯》称之为“中国教育的重庆现象”,教育部长袁贵仁将之诠释为“西部区位、直辖境界、中国水平、世界眼光”。截止到 2010 年,重庆教育事业学前教育毛入园率达到 70.9%;城乡义务教育入学率保持 100%,巩固率达到 88.1%;高中阶段教育初中毕业生升入高中阶段学校的比例达到 90%,毛入学率达到 80%;高等教育毛入学率达到 30%;主要劳动年龄人口平均受教育年限达到 10 年,新增劳动力平均受教育年限达到 12.8 年。

重庆教育在保持着良好发展态势的同时,仍面临许多难题:适龄儿童入园难,中小学生择校热、课业负担过重、农村师资薄弱、城镇大班额等现象依然存在;职业教育基础能力仍然薄弱,与产业发展的衔接还不够紧密;高校高水平教师、高水平成果、高水平人才培养的“高”度还不够,办学特色不鲜明;教育公共服务体系和教育制度体系有待进一步完善;城乡、区域之间教育发展差距还比较突出,革命老区、民族地区、贫困地区、三峡库区学校办学水平和教育质量有待进一步提高;教育投入还不能满足教育发展需要;各类学校办学成本分担、债务化解的压力还比较大;城乡教育一体化、教育现代化和教育国际化的水平与现代化直辖市的战略定位还不相适应。

未来十年,按照党中央、国务院“优先发展教育,建设人力资源强国”的战略决策,加快落实中央“314”总体部署和国务院 3 号文件,深入推进西部大开发、成渝经济区、统筹城乡综合配套改革试验区和两江新区建设,重庆将整体跨入现代化、国际化阶段,建成“五个重庆”,建成特色鲜明的国家中心城市,建成集聚辐射功能强大的经济中心,成为内陆开放示范区和统筹城乡改革先行区。人民群众对优质教育的需求也将更加迫切,教育愿景也会更趋多样。全市人民期盼重庆教育事业在市委、市政府的正确领导下,紧紧抓住难得的历史性机遇,实现重庆教育事业新跨越、新提升、新辉煌。

2.如何理解《教育规划纲要》的总体思路?

答:(1)领会重庆教育改革和发展的战略目标。未来十年我市教育事业的总体目标是:实现城乡教育一体化、教育现代化和教育国际化,形成全民学习、终身学习的学习型社会,把重庆建设成为西部地区教育高地和长江上游地区教育中心,率先进入全国教育强市和人力资源强市行列(即“三化一社会一高地一中心两强市”)。这一目标的确定,既着眼于未来我市教育在全国教育大格局中的正确定位,也契合于重庆经济社会发展的客观需要;既体现了国家的战略要求,也符合重庆的客观实际。

今后十年,我市要率先在西部建成小康社会、西部重要增长极和长江上游经济中心,继而建成国家中心城市。教育理所当然也要在西部成为教育高地,成为长江上游地区名副其实的教育中心,继而从西部前列迈入全国前列。那么,怎样才能具备前列之“强”?按照黄奇帆市长的讲话精神,就是要实现“四个”率先,即率先实现城乡教育一体化、率先实现教育现代化、率先实现教育国际化和率先建成学习型社会。城乡教育一体化和教育国际化是重庆教育与社会发展的客观需要。重庆是国家统筹城乡综合配套改革试验区,也是国家统筹城乡教育综合改革试验区,推进并实现城乡教育一体化是不可推卸且必须完成的硬任务。同时,重庆正在加快建设内陆开放高地,大力发展外向型经济,加快教育国际化是其重要支撑和实现路径。此外,教育现代化是国家教育发展规律与要求,而建立学习型社会是全球教育发展趋势。只有率先实现了以上这“三化一社会”,才能将重庆建成“一高地一中心”,继而率先成为“两强市”,走在全国前列。

过去我们在制定教育目标时,往往侧重于事业发展,而且将教育普及水平放在突出的位置上。此次《教育规划纲要》中,依然把全面提升教育普及水平作为教育改革与发展的首要目标。奇帆市长多次讲到,要坚定不移地推进“四个普及”,《教育规划纲要》对此也有明确而具体的要求。一是积极普及学前教育,学前三年毛入园率要从71%提高到90%。二是高水平普及义务教育,巩固率要从88%提高到98%。三是全面普及高中阶段教育，初中毕业生升入高中阶段学校的比例要从90%提高到99%，毛入学率从80%提高到90%。四是基本普及高等教育，毛入学率从30%提高到50%（按照国际惯例，高等教育毛入学率达到50%，即符合了高等教育的普及化标准）。这一系列目标是根据重庆经济社会发展水平和需要、重庆教育自身发展潜力，及对各方面综合因素的考虑而最终确定的，是具有现实性和可行性的目标。

但教育目标中单纯地强调教育普及水平是具有一定片面性的。此次《教育规划纲要》建构了一套相对完善的、立体的目标体系，除以上"四个普及"外，还包含了另外五个方面的具体目标。一是教育资源配置更加优化，要求建立起教育资源统筹配置体系，实现城乡学校布局科学、师资配备合理、教育经费和办学条件适应教育发展需求的新格局。二是教育体系结构科学合理，要求构建起符合人的成长规律和教育规律的现代国民教育体系和终身教育体系，实现公办和民办教育协调发展，满足人民群众不断增长的教育需求。三是教育体制机制日趋完善，教育管理、人才培养、招生考试、投入保障等体制机制更加健全，形成充满活力、富有效率、更加开放、有利于科学发展的教育机制。四是教育保障水平显著提高，教育法制体系更加健全，教育投融资力度不断加大，教师队伍素质整体提升，教育发展环境更加优良。五是教育服务能力明显增强，教育对经济社会发展的智力支持、人才支撑、知识贡献和文化引领能力进一步提高，教育集聚功能不断完善，辐射能力显著增强。

（2）领会重庆教育改革和发展的战略方针。为确保上述目标实现，《教育规划纲要》确立了"优先发展、统筹城乡、质量提升、开放创新、全民教育"20字战略方针。

优先发展是根本保证。奇帆市长在教育工作会议上语重心长地讲到，教育高地是支撑经济高地的基础。在一切竞争中，人才是根本，而教育是人才成长的基础。我们必须牢固树立"经济发展，教育为先"的理念，把投资教育作为面向未来的战略性投资，加快推动教育科学发展。为体现优先发展，《教育规划纲要》指出要做到三个优先,即教育发展规划优先、财政投入保障优先、公共资源配置优先。在区县这个层面,党委、政府要把建设教育强区强县作为一项战略性任务,摆在本地区经济社会发展全局中突出的位置,切实抓紧抓好,提高教育发展总体水平。

统筹城乡是基本路径。重庆要实现教育现代化,必须走统筹城乡发展之路,推进城乡教育一体化,这是由我市的基本市情决定的。《教育规划纲要》提出,要建立健全统筹城乡教育发展的体制机制,按照以城带乡、城乡一体、整体推进、均衡协调的路径,破解城乡二元教育发展难题,实现城乡教育规划目标、布局结构、资源配置、政策措施、水平提升一体化。具体而言,一是加快农村教育发展。合理配置教育资源,以农村中小学标准化建设和农村教师队伍建设为重点,促进义务教育均衡发展。二是推进区域教育协调发展。着力提高渝东南、渝东北教育水平,协调发展主城及周边地区教育事业。三是解决好户籍制度改革中的教育布局问题。未来十年,2 000 万农民将会减少到 1 000 万。要根据这种人口分布趋势,合理布局城镇人口集聚区的学校,调整农村学校布局。

质量提升是核心任务。市委常委会审议《教育规划纲要》时特别强调,要坚持文理兼修、知行结合,促进学生文化知识学习和思想品德修养、理论学习和社会实践、全面发展和个性发展的统一,培养一大批多层次多样化,具有社会责任感、创新精神和实践能力的人才。各级党委、政府重视教育工作,关键是要重视教育的质量。各级各类学校要按照市委、市政府的要求,根据《教育规划纲要》,不断更新教育思想和观念,深化人才培养模式改革,提高教育教学质量和水平。我们的校党组织书记、校长要从政治家、教育家角度,遵循教育发展规律,系统和准确地把握学校发展方向。教授、学术专家要担任学科发展的领军者、产学研用方面的领头羊。广大教师要在教学一线成为教育行家能手。

开放创新是重要动力。重庆教育发展的两大动力,一是改革创新,二是扩大开放。《教育规划纲要》非常突出改革创新,重点是推进人才培养、体制机制、招生考试评价制度、现代学校制度、办学体制、教育管理体制等方面的改革创新，以破除影响城乡教育发展的体制机制障碍，增强教育发展活力。扩大开放既包括重庆在国际层面的教育交流与合作，也包括重庆与其他省市区，特别是与西部地区和长江上游地区间的教育交流与合作，还包括重庆与港、澳、台地区间的教育交流与合作，将建立健全多层次、宽领域的教育开放渠道与模式。总之，教育改革创新与扩大开放可以提升重庆教育的竞争力和影响力，是促进重庆教育发展的重要动力源。

全民教育是价值追求。两千多年前，我国的大教育家孔子就提出了“有教无类”的思想，封建时代的种种桎梏阻碍了这一思想的实现，而现代教育形势的发展有望使我们实现这一千年梦想。教育的价值追求是面向人人的全民教育，这也是社会主义教育的本质要求。《教育规划纲要》在目标中提出，要构建符合人的成长规律和教育规律的现代国民教育体系和终身教育体系，旨在实现全民教育。实现全民教育有两个关键，一是把促进公平作为全市基本教育政策，大力扶持困难群体，依法保障公民受教育的权利；二是建立各级各类教育沟通衔接机制，建设全民学习、终身学习的学习型社会，保障全体市民学有所教、学有所成、学有所用。

（3）领会重庆教育改革和发展的基本理念。此次在《教育规划纲要》中提出的教育改革和发展基本理念，是《教育规划纲要》中的一大创新。奇帆市长在教育工作会议上动情地讲到，“教育是缩小贫富、城乡、区域‘三大差距’的基础性环节。如果教育出了问题，就可能使一代人甚至几代人无法缩小贫富差距。我们必须确保教育起跑线上的公平，再穷不能穷教育”。《教育规划纲要》把教育作为国计民生，对推进公平与缩小差距所附有的重要价值取向作为教育改革和发展的基本理念，进行了深刻阐述。首先明确提出，“教育是国计，也是民生”的重要理念，将教育摆在国家战略规划与国民生活的重要位置上；然后进一步指出，“教育民生是最重要的民生”，确立了教育在国民生活中至高无上的地位；再进一步阐明，“教育公平是社会公平的基础，教育起点公平是最基本的教育公平”，强调了对人民受教育权利和机会的基本保障以及教育对促进公平的伟大力量。继而指出，

“缩小教育差距是统筹城乡发展的突破口,是缩小贫富差距的根本举措”,强化了缩小教育差距这一任务在当前我市教育改革与发展形势下的突出意义。最后提出,“推进教育事业全面、协调、可持续发展,为市民终身学习与发展服务”,着实体现了教育的科学发展观思想和未来发展导向。为实现以上基本理念,《教育规划纲要》提出要在今后的教育改革与发展中做到以下几点:一是着力办好各级各类学校。要求建立覆盖城乡的基本公共教育服务体系,重点推进义务教育均衡发展,促进非义务教育协调发展,鼓励学校办出特色、办出水平。其目的在于实现“有学上”向“上好学”的转变。二是着力促进学生全面充分发展。首先是要重视教育机会、过程公平,满足学生发展的基本需求。其次是要面向全体学生,全面实施素质教育。再次是要关注学生个体差异,尊重学生个性特长,让学生得到充分发展。三是着力满足市民终身学习需求。要求推进学习型社会建设,加快发展各类学习型组织,开放教育资源,形成覆盖城乡、面向市民的终身学习网络和服务平台,为市民终身学习提供机会和条件。

3.《教育规划纲要》提出的“五大战略方针”的内涵是什么?

答:《教育规划纲要》提出了“优先发展、统筹城乡、提升质量、开放创新、全民教育”五大战略方针,既是对国家“优先发展、育人为本、改革创新、促进公平、提高质量”20字工作方针的贯彻落实,又体现了重庆的特点。

(1)优先发展战略。“优先发展”是根本保证,旨在突出教育的重要战略地位。教育是一个民族最根本的事业。当今社会,知识越来越成为提高综合国力和国际竞争力的决定性因素,人力资源越来越成为社会发展的第一资源。重庆未来的发展,关键靠人才,根本在教育。教育优先发展是党和国家提出并长期坚持的一项重大方针。《教育规划纲要》要求,坚持把教育摆在优先发展的战略地位,确保教育发展规划优先、财政投入保障优先、公共资源配置优先,建设教育强区强县,提高教育发展总体水平。

(2)统筹城乡战略。“统筹城乡”是基本路径,旨在紧紧围绕并落实“314”总体部署，建立健全统筹城乡教育发展的体制机制。重庆作为国家城乡统筹综合改革试验区，要加快实现城乡统筹发展，必须把教育作为缩小贫富差距、城乡差距、东西部差距的突破口和拉动力量，种好统筹城乡大试验区里教育这块“试验田”。《教育规划纲要》要求，建立健全统筹城乡教育发展的体制机制，合理配置教育资源。加快主城及周边地区教育发展步伐，重点扶持三峡库区、民族地区教育发展，形成城乡教育协调发展新格局。

(3)质量提升战略。“质量提升”是核心任务，旨在全面提高教育质量和水平。直辖以来，重庆教育实现了跨越式发展和历史性突破，但与发达地区相比，与重庆经济社会快速发展的要求相比，与建设成为“长江上游地区教育中心和西部地区教育高地”的目标相比，还面临严峻的挑战，特别是教育质量方面仍存在较大差距。重庆教育要实现“由大变强”，必须在发展的基础上提高质量，把提高质量作为教育改革发展的核心任务，促进人的全面发展。《教育规划纲要》要求，更新教育思想和观念，深化人才培养模式改革，坚持文化知识学习和思想品德修养、理论学习和社会实践、全面发展和个性发展的统一，培养一大批结构合理、多层多样、具有创新精神和实践能力的人才。

(4)开放创新战略。“开放创新”是主要动力，旨在加快推进教育改革和开放。改革开放是新时期最鲜明的特点。重庆教育之所以能够实现重大突破，赢得中央领导好评，关键就是不断加大改革力度，开创了教育工作的新局面。成功经验表明，重庆教育要进一步发展，根本还是要靠改革。目前，社会改革进入“深水区”，难度大、压力大，矛盾也多，更加需要弘扬改革开放经验，进一步解放思想、更新观念，改革创新，为教育的科学发展提供动力保证。《教育规划纲要》要求，扩大教育交流与合作，提高教育对外开放水平。创新教育管理、办学和投融资体制机制，改革考试招生制度与教育评价制度，增强教育活力。

(5)全民教育战略。“全民教育”是价值追求，旨在完善国民教育体系和终身教育体系，构建学习型社会。实行全民教育的目标就是满足全民的基本教育要求，向民众提供知识、技术、价值观和人生观，使他们能自尊、自立地生活，并通过不断学习来改善自己的生活并为国家和人类发展作出贡献。全民教育是现代社会民主化、教育民主化的必然要求。《教育规划纲要》要求，完善国民教育体系和终身教育体系，构建各级各类教育沟通衔接机制。构建全民学习、终身学习的学习型社会，保障全体市民学有所教。

4.如何理解《教育规划纲要》提出的总体目标和阶段目标？

答：(1)《教育规划纲要》提出的总体目标是：到2020年，实现城乡教育一体化、教育现代化和教育国际化，形成全民学习、终身学习的学习型社会，把重庆建设成为西部地区教育高地和长江上游地区教育中心，率先进入全国教育强市和人力资源强市行列(简称“三化一社会一高地一中心两强市”)。国家教育规划纲要总体目标是：到2020年，基本实现教育现代化，基本形成学习型社会，进入人力资源强国行列，简称“两基本一进入”。由此可见，《教育规划纲要》的总体目标既体现了国家实现中华民族伟大复兴的战略要求，又符合重庆经济社会发展的实际需要，明确了未来十年重庆教育的宏伟蓝图和总体发展趋势。

关于“三化”目标。在国家提出的基本实现教育现代化基础上，重庆没有使用“基本”一词，是基于重庆教育要超越全国平均水平，走在全国前列，逐步向东部地区看齐的战略视野而设定的。同时，结合重庆实际，设定了“城乡教育一体化”和“教育国际化”，形成“三化”目标。

“基本实现教育现代化，基本形成学习型社会”，是国家规划纲要提出的战略目标。改革开放以来，党中央国务院始终坚持以教育现代化为长期战略目标指引教育改革和发展。1983年，邓小平同志就提出“教育要面向现代化，面向世界，面向未来”。1993年，《中国教育改革和发展纲要》指出，进入21世纪后，要“再经过几十年的努力，建立起比较成熟和完善的社会主义教育体系，实现教育的现代化”。2002年党的十六大报告提出，教育是发展科学技术和培养人才的基础，要形成比较完善的现代国民教育体系，形成全民学习、终身学习的学习型社会,促进人的全面发展。2007 年党的十七大报告强调,要优先发展教育,提高教育现代化水平,建设人力资源强国,建设全民学习、终身学习的学习型社会。重庆要成为长江上游地区教育中心和西部地区教育高地,必须率先实现教育现代化,形成全民学习、终身学习型社会。

党的十六大以来,中央明确提出统筹城乡发展方略。十七大进一步指出要"建立以工促农、以城带乡长效机制,形成城乡经济社会发展一体化新格局"。十七届三中全会作出了《中共中央关于推进农村改革发展若干重大问题的决定》,明确指出,城乡二元结构是阻碍农村发展的基本矛盾,新形势下推进农村改革发展,要把加快形成城乡经济社会发展一体化新格局作为根本要求,到 2020 年基本建立城乡经济社会发展一体化体制机制。《国务院关于推进重庆市统筹城乡教育改革和发展的若干意见》明确提出要把重庆建设成为城乡统筹发展的直辖市,支持重庆建设国家统筹城乡教育综合改革试验区,形成城乡教育一体化发展机制,教育部和重庆市人民政府签订的《建设国家统筹城乡教育综合改单试验区战略合作协议》,提出的合作目标就是要推进教育科学发展,提高教育发展水平,健全城乡一体的公共教育服务体系。重庆市人民政府印发的《重庆市统筹城乡教育教育综合改革试验实施方案》也提出,到 2020 年,形成城乡教育一体化发展机制。由此可见,实现城乡教育一体化既是党中央、国务院的要求,也是重庆教育发展的重大使命。

教育国际化是指在经济全球化、贸易自由化,国际教育贸易市场开放的前提下,教育资源在国际间进行配置,教育要素在国际间加速流动,教育国际交流与合作日益频繁,世界各国教育相互影响。各国在人才培养目标的确定、教育内容的选择以及教育手段和方法的采用等方面不仅要满足来自本国、本土化的要求,而且要适应国际间产业分工、贸易互补等经济文化交流与合作的新形势。教育国际化有助于充分利用国内和国际两个教育市场,优化配置本国的教育资源和要素,抢占世界教育的制高点。教育国际化的最终目的是培养具有国际意识、国际交往能力、国际竞争能力的人才。《国务院关于推进重庆市统筹城乡教育改革和发展的若干意见》提出的重庆发展五大战略任务之一就是实施扩大内陆开放战略,以开放促改革促发展,把重庆建设成为长江上游地区综合交通枢纽和国际贸易大通道,成为内陆出口商品加工基地和扩大对外开放的先行区。经济的国际化需求引发人才的国际化需求,人才的国际化需求引发教育的国际化需求。因此,教育国际化是重庆发展的必然趋势及战略要求,需要用国际视野来把握和发展教育,推进教育走向国际化发展道路,推动重庆实现内陆开放高地的目标。

关于"一中心一高地"目标。2004 年 8 月,重庆市第二次教育工作会议明确提出,要努力把重庆建设成为长江上游教育中心和西部教育高地。2008 年 7 月,教育部和重庆市人民政府签订《建设国家统筹城乡教育综合改革试验区战略合作协议》,将"建设长江上游教育中心和西部教育高地"作为合作目标。2008 年 9 月,重庆市人民政府《关于印发重庆市统筹城乡教育综合改革试验实验方案的通知》,再次明确"努力把重庆建设成为中国西部地区教育高地、长江上游地区教育中心"。因此,通过教育改革与发展的突破与创新,使重庆走到中国西部地区和长江上游地区的前列再次成为《教育规划纲要》总体目标之一。

关于"两强市"目标。胡锦涛总书记指出:"推动教育事业在新的历史起点上科学发展,加快从教育大国向教育强国、从人力资源大国向人力资源强国迈进,为中华民族伟大复兴和人类文明进步作出更大贡献。"国家教育规划纲要也提出,到 2020 年我国要力争"进入人力资源强国行列"。可见,建设教育强国和人力资源强国,是未来 10 年中国教育改革与发展的重大目标。《重庆市中长期人才发展规划纲要》提出,到 2020 年基本建成内陆开放型人才高地和西部人才中心,人才相对拥有量、增长速度、创新能力在西部地区和长江上游地区领先。《教育规划纲要》提出,到 2020 年建成西部地区教育高地和长江上游地区教育中心。实现上述目标,必然会加快重庆迈入全国教育强市和人力资源强市行列的步伐。

重庆教育发展总体目标的内涵体现了以下主要特征:一是教育

普及水平全面提升；二是城乡教育资源优化配置；三是教育体系结构科学合理；四是教育体制机制更加完善；五是教育保障水平显著提高；六是教育服务能力明显增强。

(2)《教育规划纲要》明确了教育发展三步走的阶段目标。这正是落实和衔接总体目标的基本途径。国家教育规划纲要从规模、公平、质量、体系、体制五个方面对教育发展目标进行了具体描述。重庆《教育规划纲要》具体发展目标包含普及水平、资源配置、教育体系、教育制度、保障水平、服务能力六个方面。应该说，重庆的教育目标体系具有立体性，既包涵了国家教育规划目标的内容，又有重庆自身的特色，具有可量化性、易操作性，便于落实和考核。为确保实现教育总体目标，《教育规划纲要》提出了2012年、2015年和2020年三个阶段性目标，以阶段性目标分步推进总体目标的实现。

到2012年，初步实现城乡教育一体化。普及学前一年教育，学前三年教育毛入园率达到75%。城乡义务教育实现基本均衡发展，入学率达到100%，巩固率达到90%。普及高中阶段教育，初中毕业生升入高中阶段学校的比例达到95%，高中阶段毛入学率达到85%。高等教育规模稳步扩大，毛入学率达到35%。继续教育体系进一步完善，主要劳动年龄人口平均受教育年限达到10.8年，新增劳动力平均受教育年限达到13.2年。

到2015年，基本实现城乡教育一体化、教育现代化和教育国际化，搭建起学习型社会基本框架，基本建成西部地区教育高地和长江上游地区教育中心，基本建成教育强市和人力资源强市。基本普及学前三年教育，毛入园率达到80%。城乡义务教育实现优质均衡发展，入学率保持100%，巩固率达到95%。提高高中阶段教育普及水平，初中毕业生升入高中阶段学校的比例达到98%，毛入学率达到87%。高等教育水平进一步提高，毛入学率达到40%。主要劳动年龄人口平均受教育年限达到12年，新增劳动力平均受教育年限达到13.8年。

到2020年，实现城乡教育一体化、教育现代化和教育国际化，形成学习型社会，建成西部地区教育高地和长江上游地区教育中心，进入全国教育强市和人力资源强市行列。普及学前三年教育,毛入园率达到90%。城乡义务教育实现更高水平的优质均衡,入学率保持100%,巩固率达到98%。高水平普及高中阶段教育,初中毕业生升入高中阶段学校的比例达到99%,毛入学率达到90%,优质普通高中和中等职业学校在校生的比例均达到90%。高等教育进入普及阶段,毛入学率达到50%。建成比较完善的终身教育体系,主要劳动年龄人口平均受教育年限达到14年,新增劳动力平均受教育年限达到15年。

5.《教育规划纲要》目标突破与创新体现在哪些方面?

答:(1)各项教育事业发展目标和人力资源开发目标均高于或等于《国家中长期教育改革和发展规划纲要(2010—2020年)》(以下简称《国家纲要》)中提出的对应发展目标。如《国家纲要》中提出的2015年和2020年学前三年教育毛入园率目标值分别为60%和70%,而《教育规划纲要》设定的相应指标目标值分别为80%和90%;《国家纲要》设定的2015年和2020年九年义务教育巩固率目标值分别为93%和95%,而《教育规划纲要》提出的对应目标值分别为95%和98%;在高中阶段教育毛入学率这一指标上,重庆设定了与国家相等的目标值,均为2015年达到87%和2020年达到90%;在高等教育毛入学率上,重庆设定了高于国家的目标值,2015年计划达到40%,高于国家设定的目标36%,2020年计划达到50%,高于国家设定的目标40%。此外,在人力资源开发各项指标中,重庆设定的"受过高等教育的劳动年龄人口比例"目标值为2015年达21%,2020年达30%,均分别高于国家对应目标值15%和20%;重庆设定的"受过高中教育阶段教育及以上教育的新增劳动力人口比例"目标值为2015年达92%,2020年达95%,均分别高于国家对应目标值87%和90%。

(2)各项教育事业发展目标和人力资源开发目标全部涵盖国家的发展目标,各项指标均在西部位于前列。如《教育规划纲要》中的目标广泛涉及教育事业中学前教育、九年义务教育、高中阶段教育

(其中含普通高中教育和中职教育)、高等教育和继续教育各阶段教育主要指标,这些指标全部涵盖了《国家纲要》制定的各项指标。在人力资源开发目标中,具有高等教育文化程度的人口、主要劳动年龄人口平均受教育年限和受过高等教育的比例、新增劳动力平均受教育年限和受过高中阶段教育及以上教育的比例等指标也共同体现在《国家纲要》和《教育规划纲要》中。

(3)率先同时提出高中阶段教育的两项关联指标,一是初中毕业生升入高中阶段学校比例,二是高中阶段教育毛入学率。高中阶段毛入学率是《国家纲要》和《教育规划纲要》中共同提出的指标,并且重庆设定了和国家等同的目标值,即 2015 年达 87%和 2020 年达 90%。然而区别于《国家纲要》,《教育规划纲要》中还突破性地提出了初中生升入高中阶段学校比例这一指标。

(4)发展目标具有立体性,既包涵了国家教育改革发展目标的内容,又有重庆自身的特色,具有可量化性、易操作性,便于落实和考核。《教育规划纲要》涵盖了《国家纲要》中的全部目标,在横向指标种类上有所突破与创新,如高中阶段教育包含了初中毕业升入高中阶段教育的比例等;在纵向历史阶段目标的划分上,也较国家教育目标的两大五年阶段而细化为更加具体的三个阶段,更加便于目标进程的检测、操作与调控。总之,《教育规划纲要》更具立体性、现实性、可行性、可操作性,更符合重庆本地特色与发展规律。

(5)率先详细提出 2012 年、2015 年和 2020 年的三步具体阶段目标。三步具体阶段目标详细,可跟踪、可比对。《国家纲要》中制定的 2010—2020 年教育事业目标和人力资源开发目标具体分为两个五年计划阶段来实现,《教育规划纲要》将第一个五年计划划分为两年和三年两个阶段性目标。这样的目标设定,便于在改革发展实施进程中理清方向,为实现下一阶段的目标进行适时的调整与推进。

(6)彰显了重庆独有的特点。《教育规划纲要》将"城乡"二字体现在标题中,体现了市委市政府将缩小城乡差距作为未来 10 年教育改革与发展的主线的战略定位。作为统筹城乡教育综合改革试验区,一方面重庆要引领本地在统筹城乡教育发展的体制机制方面先行先试,率先实现重大突破;另一方面,重庆将为全国城乡教育一体化发展探索新路子,提供有益示范和借鉴。

6.《教育规划纲要》着力解决教育发展中的哪些重大问题?

答:《教育规划纲要》的制定始终坚持实事求是的原则,从实际出发,解决教育发展中的重大问题。为此,市委、市政府设立了12个重大战略专题,组织了有关高校、区县教育部门、教师进修学院共25个单位进行调研。同时,市教委也组织全委干部职工深入全市40个区县进行同步调研。在《教育规划纲要》编制过程中,先后召开了30多次座谈会,听取各方的意见和建议,确保《教育规划纲要》提出的政策措施具有科学性和现实针对性。

(1)着力解决幼儿入园难、入园贵的问题。入园难、入园贵的问题是百姓关注的热点问题。为此,《教育规划纲要》特别地突出了对学前教育发展的规划。一是建立学前教育公共服务体系。明确要坚持公益性、普惠性原则,完善政府主导、社会参与、公办民办并举的办园体制,并建立普及学前教育工作推进机制。二是扩大学前教育资源。渝东北和渝东南地区、主城周边地区的农村乡镇以举办公办幼儿园为主,将幼儿园作为新农村公共服务设施统一规划、优先建设。主城及周边区县城坚持多种形式举办幼儿园,注重公办与民办幼儿园协调发展。城镇小区的幼儿园作为公共教育资源可由当地政府统筹安排,举办公办幼儿园或委托办成普惠性民办幼儿园。未配套建设幼儿园的城镇小区,按国家有关规定配套建设幼儿园。新建小区配套幼儿园应同步规划、同步建设、同步交付使用。新建和改扩建乡镇中心幼儿园700所,实现乡镇中心幼儿园全覆盖。探索乡镇中心幼儿园下设村级园(班)的办园模式,利用中小学和其他公共闲置资源改建幼儿园。三是加大学前教育经费投入。学前教育经费列入各级政府财政预算,新增教育经费向学前教育倾斜,政府对家庭经济困难幼儿入园给予补助。四是加强幼儿园规范化建设。制定学前教育办园标准,健全幼儿园准入制度。加快幼儿园基础设施建设,确保基本办园条件。完善学前教育管理制度,规范办园行为。建立和完善行业自律、教育部门监管、家长和社会监督的幼儿园质量监控体系。五是扶持社会力量办园。支持街道、有条件的企事业单位及团体举办幼儿园。加大政府对民办幼儿园的扶持力度，通过购买服务、减免租金、以奖代补、派驻公办教师等方式，支持社会力量办园。

(2)着力解决义务教育均衡发展的问题。义务教育是教育工作的重中之重，是政府优先保障的战略性任务。均衡发展义务教育是统筹城乡教育发展的关键。《教育规划纲要》要求建立健全义务教育均衡发展的推进机制、保障机制、督导评估机制，率先实现区县域义务教育在教育投入、办学条件、师资队伍、管理水平、教育质量等方面基本均衡，逐步向更大范围推进。具体提出以下五条措施：一是巩固扩大普及成果。健全控制学生辍学和动员辍学学生复学机制，努力消除义务教育辍学现象，巩固提高义务教育普及成果。二是合理配置资源。重点向贫困地区、边远山区和薄弱学校、农村学校及弱势群体倾斜，逐步缩小同一区域义务教育学校之间办学水平和教育质量的差距，有效化解择校矛盾。三是提高教育质量和办学水平。建立义务教育质量标准、检测和保障体系。加强学校基础设施、配套设备、师资队伍、课程教学等建设，稳步推行小班教学，提高义务教育阶段学校办学水平。四是提高学生健康水平。科学安排学生学习、生活、运动及休息时间，保障学生每天锻炼一小时。实施中小学生营养促进工程，促进学生健康成长。五是加快薄弱学校发展。重点加强乡镇中心校建设，充分发挥其指导、辐射作用，提升村小办学水平。

(3)着力解决高中阶段教育全面普及的问题。高中阶段教育是学生个性形成和自主发展的关键时期，对于提高市民素质和培养创新人才具有特殊意义。普及高中阶段教育是本届政府的重要任务。《教育规划纲要》提出了“扩大规模、调整布局、优化结构、提高质量”的16字方针和三大举措。一是做好“两个统筹”。包括统筹区域性高中阶段教育发展，重点是加快发展三峡库区和民族地区普通高中教育；统筹普通高中教育和中等职业教育协调发展，在今后一个时期总体保持普通高中和中等职业学校招生规模大体相当。二是加快高中阶段学校建设。建设一批高水平示范性普通高中学校，发挥其带动、辐射作用,加快农村薄弱高中学校建设,逐步实现办学条件标准化。三是支持普通高中多样化发展。培育一批特色普通高中学校,探索综合高中发展模式,鼓励普通高中教育引入职业教育因素,深化普通高中教育课程改革及教学改革,全面提高学生综合素质。

(4)着力解决职业教育基础能力建设的问题。发展职业教育对于解决"三农"问题、化解劳动力结构性矛盾、促进就业、推动经济发展方式转变都具有重要意义。《教育规划纲要》要求各级政府把职业教育纳入经济社会发展和产业发展规划,促使职业教育办学规模、专业设置、人才培养与经济社会发展需求相适应。加强基础能力建设是当前发展职业教育的关键。《教育规划纲要》提出了五个方面的措施。一是统筹配置职业教育资源,健全职业教育与培训网络,加快发展面向"三农"的职业教育,加强建设国家级、市级示范中等职业学校、示范或骨干高等职业院校和优质特色职业学校,建设5个农民工培训集团,10个农民工培训基地,1个市级移民就业培训基地,15个区县移民就业培训基地。二是围绕重庆产业结构调整,加强职教园区建设,建成16个职业教育园区,加强职业院校专业结构调整以及专业建设的统筹规划和指导,强化对专门技能人才培养的调控。三是加强职业院校内涵建设,推动课程标准与职业标准相衔接,加强示范专业和精品课程建设,积极培育优势、特色专业。四是推进区域性、开放式、资源共享型实训基地建设,形成以综合性实训基地为龙头、专业性实训基地为骨干的实训网络。五是加强"双师型"教师队伍建设,建成职教师资企业实践教育基地30个,中等职业学校特聘教师1 000名。

(5)着力解决高等教育综合实力提升的问题。提升高等教育综合实力,是建设西部地区教育高地和人力资源强市的基本要求。《教育规划纲要》提出把高等教育工作重心从外延发展转向内涵建设、从规模扩张转向质量提升,推进高等教育质量、结构、特色、效益协调发展。一是优化结构办出特色。支持"985工程"学校加快建成国际知名大学,支持"211工程"学校建成国内一流大学,建设一批在全国同类院校中特色鲜明、水平领先的大学和在国内具有较强影响力的高等职业院校。二是推动高等教育内涵发展,提高人才培养质量。以重点学科为引领积极发展研究生教育,以特色专业为主导稳步发展本科教育,以培养动手能力为核心大力发展高等职业教育。推进重点学科建设,加强国家级、市级特色专业建设,建立专业设置与市场需求信息监测预警机制,深化高等学校教学改革,强化博士和硕士点建设。三是提升科学研究水平。承担国家、区域重大科技任务和重大工程项目,积极开展自然科学、哲学社会科学和应用技术研究,加强国家级重点实验室、市级重点实验室和工程(技术)研究中心建设,建设一批国际国内一流的重点学科和高水平、开放式、国际化科技创新平台与研究基地。四是增强服务经济社会发展的能力。与企业和区县(自治县)共同建立产学研战略合作联盟、产学研用示范园区、技术创新中心等科技创新平台,推动高新技术产业化。

(6)着力解决继续教育发展瓶颈问题。过去,继续教育是教育体系中的薄弱环节。《教育规划纲要》明确提出,各级政府要切实履行发展继续教育的职责,大力发展面向从业人员的学历教育和非学历教育,加快各类学习型组织建设,构建"人人皆学、时时能学、处处可学"的学习型社会。一是健全继续教育体制机制。市和区县(自治县)政府成立继续教育协调机构,统筹和指导继续教育发展。完善继续教育政策法规,健全继续教育准入与退出、机构资质认证制度,建立继续教育质量标准,完善非学历教育学习成绩鉴定制度。二是构建开放灵活的继续教育体系。建设重庆开放大学,积极发展社区教育、老年教育,建立社会教育资源定期开放制度。三是创新继续教育的内容和形式。开展成人学历教育、非学历教育和社会化培训,完善高等教育自学考试制度。组织实施劳动者职业技能提升、社区继续教育发展、专业技术人员知识更新、转岗再就业培训、公民知识和文化素养提高、农村劳动力转移和新型农民培训等计划,全面提高劳动者素质。加强各级各类教育的衔接和沟通,搭建人才成长的"立交桥"。

(7)着力解决教师队伍建设的问题。师德高尚、业务精湛、结构合理、充满活力的专业化教师队伍,是《教育规划纲要》对教师队伍建设的总要求。首先要坚持把师德建设放在首位。加强教师法制教育,规范教师从教行为,建立教师职业道德信誉记录制度,将师德师风作为教师年度考核的重要内容和评优奖励的重要依据。重点要提升教师专业化水平。倡导教育家办学,营造有利于教育家成长的办学环境,培育造就一批名校长、名教师、学术(技术)带头人和学科领军人才。构建以师范院校为主体、综合院校积极参与的教师教育体系,开展五年一周期的中小学和幼儿园教师全员培训,加强校(园)长、班主任等岗位培训,完善中等职业学校专任教师能力标准建设,加强高等学校创新团队和教学团队建设,鼓励教师开展教育科学研究,探索教育教学规律,创新教育教学模式和方法。《教育规划纲要》还对提高教师地位、待遇和完善教师管理制度提出了具体政策,如建设农村学校教师周转住房、设立教师奖励基金、建立教师资格证书定期登记制度、完善中小学教师和校长合理流动机制等。

(8)着力解决教育信息化建设的问题。实现教育信息化是推进教育现代化的重要条件。《教育规划纲要》提出,到2020年,建成覆盖城乡的教育信息网络体系和数字化教育服务体系。首先是加快教育信息化基础设施建设和教育信息网络建设,推进“数字校园”建设,重点为农村中小学配备多媒体远程教学设备。第二是加强优质教育资源开发和应用,加强学前教育、义务教育、高中阶段教育、职业教育、高等教育、继续教育和教师教育资源库建设,以及数字图书馆和虚拟实验室建设,并确保将建好的硬件、软件充分应用于教学实践。《教育规划纲要》还要求,要创新网络教学模式,提升教师教育技术应用能力,引导学生主动利用信息手段学习。第三是实现教育管理信息化。整合各类教育管理网络资源,建立相对独立、资源共享、符合电子政务建设要求的教育行政管理虚拟专网,建立安全可靠、运行协调的电子政务和电子校务办公体系,提升教育行政管理、学校管理的信息化和规范化水平。

(9)着力解决老百姓关注的教育民生问题。《教育规划纲要》特别突出了教育民生价值。以“普及”推动“普惠”,以“资助”促进“公平”,特别是在着力解决农村留守儿童教育的问题、进城务工人员随迁子女入学的问题、特殊困难群体资助的问题和毕业生就业问题等方面提出了具体的措施。一是要求各级政府把关心进城务工人员随迁子女和农村留守儿童的教育作为一项民心工程切实抓好。安排转户进城市民子女和进城务工人员随迁子女依法平等接受义务教育，并确保其初中毕业后参加升学考试享有与城市学生同等的权利。建立政府、学校、家庭、社会多方联动的农村留守儿童培养关爱机制，设立农村贫困留守儿童扶助资金。二是健全覆盖大中小幼各级各类学校贫困学生的资助体系，保障每一个学生不因家庭经济困难而失学，切实对残疾儿童实行义务教育“零收费”。此外，还实施“爱心午餐”和“蛋奶工程”，改善农村学生营养状况。三是关心毕业生就业，通过实施学费和助学贷款代偿、提供创业扶持等方式，引导和鼓励毕业生到基层就业创业，设立毕业生自主创业资金，搭建创业平台，提供创业服务，加大对自主创业的支持力度。

7.《教育规划纲要》的创新主要体现在哪些方面?

答:《教育规划纲要》既有发展思路的创新，也有体制机制的创新。主要体现在以下九个方面。

(1)教育结构体系创新。过去，一直按照基础教育、职业教育、高等教育和成人教育四大版块构建教育体系。这次《教育规划纲要》按照人的成长规律和教育发展规律把教育划分为学前教育、义务教育、高中阶段教育、高等教育、继续教育五个层次。同时，根据我国处于工业化中期，特别是重庆工业化加速推进时期，需要大量专门技术人才的实际，从高中阶段教育和高等教育中独立划拨出一个板块即职业教育，这样就构成了五层次、六板块结构。这个结构体系的重大突破就在于强化了学前教育、继续教育、职业教育这三个在过去比较薄弱的环节。《教育规划纲要》明确提出，学前教育是国民教育体系的重要组成部分，是重要的社会公益事业;继续教育是终身教育体系的重要组成部分，是学习型社会建设的重要支撑。这对于完善社会主义教育体系具有十分重大的意义，而且将极大地促进学前教育和继续教育的健康、快速发展。《教育规划纲要》提出构建中等职业教育、高等职业教育、应用技术本科教育、专业硕士培养相衔接的现代职业教育人才培养体系，突出了未来职业教育的发展方向。此外，《教育规划纲要》也强调要重视特殊教育和民族教育的发展，进一步丰富了教育结构体系。

(2)教育发展格局创新。《教育规划纲要》结合重庆市“一圈两翼”经济社会发展格局，提出建立城市带农村、强校带弱校，区域协调并进的教育发展格局。主城、主城周边、渝东北、渝东南地区教育发展各自的侧重点都有了较为确切的定位，这对于指导各地教育改革发展十分必要。在规划学校布局方面，改变了传统的按照教育板块分类规划学校布局的做法，而是按照主城区、区县城、农村等三个层次来规划学校布局。这符合国家批准的重庆城乡总体规划的特点，既有利于解决城镇学校“大班额”问题，满足因城镇化建设和户籍制度改革进城人口子女及流动人口子女的上学需求，也有利于促进城镇化发展和新农村建设。

(3)人才培养体制创新。《教育规划纲要》中提出的体制机制改革是围绕人才培养体制改革进行整体设计的，因此人才培养体制改革是核心。按照黄奇帆市长关于人才培养的指示，《教育规划纲要》着重对此进行了大胆探索。总的要求是，推进大中小幼有机衔接，教学、科研、实践紧密结合，学校、家庭、社会密切配合，形成体系开放、机制灵活、渠道互通的人才培养体制。从人才培养观念上，明确提出全面发展、人人成才、终身学习、系统培养的观念。创新人才培养模式方面，提出要学思结合、知行统一、因材施教，优化课堂教学，倡导启发式、讨论式、探究式、参与式教学，加强实践教学。特别针对大学生提出，鼓励理工科学生学习必要的文史哲知识，文科学生学习必要的自然科学知识，积极开展形式多样的学工学农学军活动，引导学生敏于求知，勤于实践，历练人生，增长才干。此外，还提出建立“唱读讲传”活动长效机制，加强中华优秀传统文化、革命传统文化和本土优秀文化教育，提振学生的“精气神”。这些都是《教育规划纲要》在人才培养体制改革中的特色。

(4)考试招生制度创新。考试招生制度改革实际上是人才培养体制改革的进一步延伸。在完善中等学校考试招生制度改革方面，要逐步取消普通高中"联招"考试，普通高中学校招生实行指标分层次、按比例分配到初中学校的办法，中等职业学校实行自主招生、免试注册入学的办法。高等学校考试招生制度改革方面，提出探索政府宏观管理、专业机构组织实施、学校依法自主招生，招考相对分离、分类考试、综合评价、多元录取的考试招生制度。这一制度有三个关键点：一是实行学业水平考试与综合素质评价相结合的普通高中学习成果鉴定制度；二是重点高等学校、普通本科院校、高等职业技术学院、成人高等学校等不同类型高等学校实行入学分类考试制度；三是改革录取投档模式，支持高等学校实行择优录取、自主录取、推荐录取、定向录取等多元录取办法，对特长显著、符合学校培养要求的学生，学校可依据招生政策和程序破格录取。

(5)现代学校制度创新。健全现代学校制度，也是推进人才培养体制改革的重要一环。其目的是要构建政府、学校、社会之间的新型关系，要求建立依法办学、自主管理、民主监督、社会参与的现代学校制度。《教育规划纲要》明确提出，要克服和纠正学校行政化、"官本位"倾向，逐步取消各级各类学校实际存在的行政级别和行政化管理模式，实行校长职级制。黄奇帆市长多次讲到，借鉴世界一流大学办学理念，探索教授治学的有效途径，建设学术氛围浓厚的大学文化。《教育规划纲要》对此做出了相应的制度设计，特别是为落实和扩大学校办学自主权，突出了高等学校"六个自主"的制度设计，这些制度对促进高等学校健康发展具有强大的推动作用。

(6)学校办学体制创新。办学体制改革的目的是健全政府主导、社会参与、办学主体多元、办学形式多样、充满生机活力的办学体制。《教育规划纲要》从公办学校办学体制改革和民办教育发展两个方面进行了创新。一是提出在坚持教育公益性原则的前提下，鼓励行业、企业、社会团体、个人参与公办学校办学，扩大优质教育资源，选择部分公办学校开展集团化办学试点，扶持薄弱学校和新建学校发展。二是提出民办教育是教育发展的重要增长点，倡导开展营利性和非营利性民办学校分类管理试点，落实民办学校在招生就业、学历认可、土地征用、税费减免、资本运作等方面的支持政策,建立民办学校合理回报机制、政府财政性经费扶持民办教育的制度、民办学校教师社会保险和人事代理制度等,设立民办教育发展专项资金。可以说,为民办教育发展制定了很多有利政策。

(7)教育管理体制创新。教育管理体制改革的目的是建立政事分开、权责明晰、统筹协调、规范有序的公共教育服务体系,要求各级政府切实履行统筹规划、政策引导、监督管理、提供服务的职责。《教育规划纲要》明确了市政府、区县(自治县)政府、乡镇政府和街道办事处各自的教育职责,要求政府综合运用法规、规划、拨款、信息等手段对学校进行管理,提高教育管理水平,减少对学校不必要的行政干预。这一体制改革的创新点具体体现在:一要完善政府重大教育决策调研论证、社会听证、信息公开等制度,成立教育咨询委员会,为教育改革与发展提供咨询服务;二要建立科学的管办评分离的运行机制;三要完善教育督导管理体制,设置相对独立的教育督导机构,落实人员编制,独立行使督导职能,构建督政、督学、监测三大体系,并建立督学委派制度和督学责任区制度;四要完善职业教育联席会议制度和继续教育协调机制,建立职业院校与企业合作制度。

(8)教育对外开放创新。教育对外开放创新是建设内陆开放高地的需要。《教育规划纲要》明确指出,要推动重庆教育的国际交流与合作,借鉴国外先进的教育理念和教育经验,提高重庆教育国际合作水平,培养大批具有国际视野、通晓国际规则、能够参与国际事务与国际竞争的人才。具体创新点包括:一是吸引境外知名学校、教育和科研机构、企业,合作设立教育教学、实训、研究机构或项目,特别是支持高等学校引进世界知名大学来渝合作办学;二是大力发展汉语国际教育,鼓励和支持重庆教育机构走出去办教育,扩大重庆教育的国际影响力;三是实施来渝留学生预备教育制度,加强外籍学生汉语言能力教育和巴渝人文社会知识教育,促进巴渝文化走向世界。

(9)教育投资融体制创新。奇帆市长说,财政性教育投入占GDP4%,是对教育重要性理解程度的问题,是一个诚信问题。《教育规划纲要》明确坚持把教育作为公共财政支出的重点予以优先保障,政府从预算内和预算外、预算和决算、中央决算和地方决算等方面保障教育经费投入，依法确保教育经费“三个增长”，财政性教育经费支出占全市国民生产总值的比例保持4%。这是《教育规划纲要》的一大亮点。《教育规划纲要》还提出，落实国家征收教育费附加政策，按增值税、营业税、消费税的3%足额征收，同时开征地方教育费附加，按增值税、营业税、消费税的2%征收，专项用于教育事业。在拓宽教育资金来源渠道方面，《教育规划纲要》也大胆创新，提出通过划拨或优惠出让土地、税收减免、金融扶持和政府奖励等政策措施，鼓励企业、社会团体和个人投资教育，建立捐赠收入政府财政配比资金制度。在经费使用管理方面，提出设立高等教育拨款咨询委员会，增强项目经费分配的民主性和科学性，在高等学校设立总会计师，提升经费使用和资产管理的专业化水平。

8.学前教育有哪些发展目标？

答：(1)坚持学前教育的公益性和普惠性，积极普及学前三年教育，建立起政府主导、社会参与、公民办并举的学前教育发展体制，构建起“广覆盖、保基本、多形式、有质量”的学前教育公共服务体系。

(2)到2013年，全市新建乡镇公办中心幼儿园360所、城镇社区幼儿园270所，改扩建一批普惠性公办幼儿园，确保全市每个乡镇有1所公办中心幼儿园，每个街道有2所公办社区幼儿园。

(3)普及学前两年教育，学前三年教育毛入园率达78%，0—3岁婴幼儿教育指导服务体系初步建立，师资队伍整体素质显著提升，保教质量明显提高，城乡学前教育统筹协调发展，基本满足人民群众多样化的学前教育需求。到2015年，基本普及学前三年教育，毛入园率达到80%。到2020年，普及学前三年教育，毛入园率达到90%。

9.发展学前教育有哪些具体举措？

答：(1)建立学前教育公共服务体系。完善政府主导、社会参与、公办民办并举的学前教育发展体制，多元并举加快学前教育发展，城乡学前教育统筹协调发展，构建起“广覆盖、保基本、多形式、有质量”

的学前教育公共服务体系,基本满足人民群众多样化的学前教育需求。

(2)扩大学前教育资源。渝东北和渝东南地区、主城周边地区的农村乡镇以举办公办幼儿园为主,将幼儿园作为新农村公共服务设施统一规划、优先建设。主城及周边区县城坚持多种形式举办幼儿园,注重公办与民办幼儿园协调发展。城镇小区的幼儿园作为公共教育资源可由当地政府统筹安排,举办公办幼儿园或委托办成普惠性民办幼儿园。未配套建设幼儿园的城镇小区,按国家有关规定配套建设幼儿园。新建小区配套幼儿园应同步规划、同步建设、同步交付使用。

(3)加强幼儿园规范化建设。制定学前教育办园标准,健全幼儿园准入制度。加快幼儿园基础设施建设,确保基本办园条件。完善学前教育管理制度,规范办园行为。坚持科学保教方法,防止和纠正学前教育小学化倾向,提高幼儿保教质量,促进幼儿快乐健康成长。

10.发展学前教育有哪些新政策?

答:(1)政府对家庭经济困难幼儿入园给予补助。

(2)探索乡镇中心幼儿园下设村级园(班)的办园模式,利用中小学和其他公共闲置资源改建幼儿园。

(3)支持街道、有条件的企事业单位及团体举办幼儿园。

(4)加大政府对民办幼儿园的扶持力度,通过购买服务、减免租金、以奖代补、派驻公办教师等方式,支持社会力量办园。

(5)建立和完善行业自律、教育部门监管、家长和社会监督的幼儿园质量监控体系。

11.发展学前教育有哪些保障措施?

答:(1)建立普及学前教育工作推进机制,着力扩大普惠性学前教育资源。

(2)切实提高政府保障水平,学前教育经费列入各级政府财政预算,新增教育经费向学前教育倾斜。

(3)严格执行幼儿教师资格标准,落实公办幼儿园及农村完全小学附设幼儿园(班)人员编制,民办幼儿园按照国家有关标准配足保教人员。

(4)实施学前教育推进工程三年行动计划,新建和改扩建乡镇中心幼儿园700所,实现乡镇中心幼儿园全覆盖。

12.推动义务教育优质均衡发展有哪些配套措施?

答:(1)在普及水平方面,向更高水平推进。一是巩固扩大普及成果。健全控制学生辍学和动员辍学学生复学机制,努力消除义务教育辍学现象,巩固提高义务教育普及成果。二是提高教育质量和办学水平。建立义务教育质量标准、监测和保障体系。加强学校基础设施、配套设备、师资队伍、课程教学等建设,稳步推行小班教学,提高义务教育阶段学校办学水平。三是促进学生健康成长。科学安排学生学习、生活、运动及休息时间,保障学生每天锻炼一小时。实施中小学生营养促进工程,提高学生健康水平。

(2)在发展模式方面,致力于优质均衡。一是建立均衡发展工作机制。建立健全义务教育均衡发展推进机制、保障机制、督导评估机制,率先实现区县域内义务教育在教育投入、办学条件、师资队伍、管理水平、教育质量等方面基本均衡,逐步向更大范围推进。二是合理配置资源。《教育规划纲要》提出要合理配置教育资源,重点向贫困地区、边远山区和薄弱学校、农村学校及弱势群体倾斜,逐步缩小同一区域义务教育学校之间办学水平和教育质量的差距,有效化解择校矛盾。三是突出发展重点。《教育规划纲要》提出了加快薄弱学校发展的思路,重点加强乡镇中心学校建设,充分发挥其指导、辐射作用,提升村小办学水平。

(3)在公平保障方面,关注特殊群体学生就学。一是保障农民工子女就学。针对解决转户进城市民子女和进城务工人员子女就学问题,《教育规划纲要》提出了坚持以输入地政府管理为主、以全日制公办中小学接收为主的“两为主”方针,保障转户进城市民子女和进城务工人员随迁子女依法平等接受义务教育。二是培养照顾好农村留守儿童。完善农村寄宿制学校设备设施,加强生活管理和卫生保健人员配备,把校园建成留守儿童的温馨家园。设立农村贫困留守儿童扶助资金,创新农村留守儿童教育培养模式,形成政府、学校、家庭、社会多方联动的农村留守儿童培养关爱机制。

(4)在素质教育实施方面,强调减轻中小学生课业负担。一是政府要带头"减负"。各级政府要建立学生课业负担监测、举报、公告和问责制度,不得以升学结果作为评价学校的唯一标准,各种考级和竞赛成绩不得作为学生入学与升学的依据。二是学校要自觉"减负"。要求学校把"减负"落实到教育教学全过程,严格按照国家规定设置课程和安排课时,严格控制作业量和考试次数,纠正单纯以考试成绩衡量学生学业和评价教师业绩的倾向。三是家庭、社会要配合"减负"。规范补习机构和教辅市场,发挥家庭教育在青少年成长过程中的重要作用,共同减轻学生课业负担。

(5)实施中小学标准化建设工程。将推进中小学标准化建设作为缩小学校之间办学水平差距的重要举措,为每一所中小学办学条件划定一条最低"保障线"。完善农村寄宿制学校配套功能,确保办学条件达标。加大校安工程实施力度,全面提高校舍综合防灾能力。实施新城(区)配套学校建设计划,结合户籍制度改革,新建115所中小学。中小学标准化率2012年达到70%,2015年达到80%,2020年达到95%以上。

13.普通高中教育的发展基础和面临的形势怎样?

答:直辖13年来,重庆普通高中教育实现了"三大跨越":一是普通高中学校在校学生由1997年的13.39万人增加到2010年的62.64万人,增长3.68倍,教育总体规模基本满足人民群众教育需求;二是初中毕业生升入普通高中学校的比例由21%提高到59%,提高38个百分点,为普及高中阶段教育创造了条件;三是重点中学由2001年的38所增加到2010年的104所,增加66所,优质普通高中教育覆盖率达到60.5%。

实施了“三项改革”：一是深化经费保障机制改革，建立普通高中教育成本分担机制，从2006年开始建立普通高中家庭经济困难学生学费减免制度，2010年困难学生资助面达到30%，确保学生不因贫困而失学；二是深化办学体制改革，认真落实市政府扶持民办教育发展的“十条政策”，民办普通高中学校在校学生连续五年以每年20%的速度递增，初步实现了普通高中教育办学主体的多样性、教育供给的选择性；三是深化教育教学改革，全市22.76万名普通高中一年级学生2010年整体进入新课程实验，在培养目标、课程体系、评价方式等方面进行了全方位变革，促进学生全面、自主而富有个性的健康成长。

推进了“三大创新”：一是创新招生考试制度，2007年开始将重点中学10%的高中统招计划分配到辖区内初中学校，2010年将分配比例提高到50—70%，联招考生实行考后网上填报志愿，支持区县开展自主招生考试改革，教育部将重庆中考经验向全国推广；二是创新人才培养模式，坚持因材施教、知行合一，激发每一个学生的潜能，西南师范大学附属中学“研究性学习”等经验在全国推广；三是创新城乡学校均衡发展制度，组织102所重点中学捆绑帮扶104所一般高中，在教师队伍、教育质量和教育科研等方面开展深度帮扶，促进了城乡普通高中教育优质均衡发展。

虽然重庆普通高中教育改革发展取得了显著的阶段性成绩，但仍面临不少困难和问题：一是城乡普通高中教育发展差异明显，教育经费保障水平不高，办学容量严重不足，专任教师数量不足，大班额现象突出，仪器设备和设施难以满足教学需求；二是素质教育深入推进困难较大，学生课业负担依然较重，学习时间过长、课程过多、作业量过大等问题还没有得到有效解决，影响了学生身心健康；三是普通高中办学模式单一，人才培养模式、考试招生评价制度改革还需深化，学校办学自主权有待进一步落实。这些问题使普通高中教育逐步成为制约重庆教育事业大发展和人力资源强市建设的“瓶颈”。

14.普通高中教育发展的具体目标和任务有哪些?

答:(1)到2012年,普及高中阶段教育,初中毕业生升入高中阶段学校的比例达到95%,高中阶段毛入学率达到85%;二是到2015年,提高高中阶段教育普及水平,初中毕业生升入高中阶段学校的比例达到98%,毛入学率达到87%;三是到2020年,高水平普及高中阶段教育,初中毕业生升入高中阶段学校的比例达到99%,毛入学率达到90%,优质普通高中在校生的比例均达到90%。

(2)推进高中阶段教育普及。全面普及高中阶段教育,满足初中毕业生接受高中阶段教育需求,是重庆普通高中教育发展的首要任务。《教育规划纲要》提出,坚持以扩大规模、调整布局、优化结构、提高质量、特色发展为重点,整体提高普通高中教育发展水平。一是统筹全市普通高中教育发展,以加快发展三峡库区和民族地区普通高中教育为重点,推进高中阶段教育全面普及,满足初中毕业生接受普通高中教育需求。二是要统筹普通高中教育和中等职业教育协调发展,在今后一个时期总体保持普通高中和中等职业学校招生规模大体相当。三是提高特殊教育学生接受普通高中教育的比例。

(3)加快普通高中学校建设。针对部分区县普通高中办学容量严重不足、大班额问题突出等问题,《教育规划纲要》提出,坚持改扩建为主、适度新建为辅的原则,推进高中阶段学校建设,满足普及高中阶段教育的需要。一是将城乡普通高中学校布局与建设规划纳入区县(自治县)城乡规划统筹安排,按照"统筹发展、适度聚集、提高效益"的原则布局学校,新建普通高中原则上布局在区县城或中心镇;二是在城镇化进程中,建立生源增减预测机制,超前规划布局学校,扩大城区普通高中学校数量和容量,切实解决区县城学校大班额及超大规模学校问题。三是改善高中阶段学校设施设备,加强教师队伍建设,大力提高办学水平。四是建设一批高水平示范性普通高中学校,发挥其辐射、带动作用。五是加快农村薄弱高中学校建设,逐步实现办学条件标准化。

(4)支持普通高中多样化发展。针对普通高中学校办学模式单一、人才培养模式趋同等问题,《教育规划纲要》提出,推动普通高中多样化发展,鼓励普通高中办出特色,为不同的学生提供最适合的教育。一是推进特色高中学校建设,支持普通高中学校走内涵发展道路,在全市打造一批特色普通高中学校。二是支持普通高中学校采取多样化培养模式,丰富课程资源,提供多元化学习选择机会,满足不同潜质、不同个性学生的发展需求。三是探索发展普职结合的综合性高中学校,鼓励普通高中教育引入职业教育资源,增设职业教育内容,提升学生的职业技能和创新能力。四是深化普通高中教育课程改革及教学改革,全面提高学生综合素质。五是加强高中教育与大学教育的联系与合作,为学有余力的学生开展拓展性学习提供各种机会和平台。

15.实现普通高中发展目标和任务,各级政府应该做好哪些工作?

答:(1)认真落实普通高中教育“市政府统筹、以区县(自治县)为主”的管理体制,将普通高中教育发展纳入当地教育改革发展的总体规划,教育行政部门宏观管理,相关部门履行各自职责。

(2)普通高中教育实行财政投入为主、其他渠道投入为辅的体制,逐步完善政府、社会、家庭合理分担普通高中教育成本的机制,妥善处理好普通高中债务问题,进一步完善普通高中家庭经济困难学生资助帮扶制度和体系。

(3)进一步扩大普通高中学校在办学模式、育人方式、资源配置、人事管理、社区服务等方面的自主权,加大对民办普通高中的扶持帮助力度。

(4)实施“五个校园”建设工程,推进新城(区)配套学校建设计划,结合户籍制度改革,新建一批普通高中学校,提高普通高中学校标准化率。

(5)实施普通高中教师增量提质计划,逐步配齐普通高中外语、体育、艺术、科学、健康教育、综合实践活动等学科教师,新增普通高中学校教师1万名。

(6)加大对三峡库区与民族地区普通高中教育的扶持力度,改扩建一批普通高中,建设一批民族中学,建成一批优质特色学校。

16.发展职业教育的基础和面临的形势如何?

答:直辖以来,职业教育为重庆经济社会发展和重庆教育事业发展作出了积极贡献,取得了明显成绩。到2010年底,全市独立设置的高等职业技术学院(含高等专科学校,下同)达到31所,其中国家示范性高职3所,国家骨干高职3所,市级示范性高职7所;中等职业学校达到248所,其中国家级重点中等职业学校52所、市级重点中等职业学校37所,县级职业教育中心33个。2010年,全市高等职业技术学院招生约7万人,在校生9.2万人;中等职业学校招生18.6万人,在校生52.7万人,中等职业学校招生和在校生人数分别占高中阶段教育的46.01%和45.7%,已连续5年保持了两类高中阶段教育(中等职业学校和普通高中学校)在招生和在校生规模方面的"大体相当"。"十一五"期间,我市职业教育实现了由扩大规模向内涵发展的重大跨越,职业教育办学模式不断创新,职教体系日臻完善,基础能力显著增强,经费投入大幅增加,学生资助全国率先,改革创新硕果累出,质量效益显著提高,服务经济社会的能力明显增强。

但职业教育的发展也存在一些困难和问题:一是职业教育吸引力还不强;二是职业教育基础能力需要提升;三是人才培养模式还需要创新;四是"双师型"教师数量尚不充足;五是高等职业技术学院布局还欠均衡;六是职业院校专业设置不尽合理、优质特色专业总体数量偏少。

今后一个时期,重庆将面临更多的发展机遇,在西部大开发中的特殊战略地位将更加凸现,经济社会发展基础将更加坚实,而经济社会的持续快速发展也必将对职业教育提出新的更高的要求。加快转变经济发展方式、推动产业结构升级、推进新型工业化、城镇化,迫切需要培养大批技能型、应用型人才;统筹城乡发展、加快推进社会主义新农村建设,迫切需要加快培养有文化、懂技术、会经营的新型农民;实施扩大就业的发展战略,促进以创业带动就业,进一步改善民生,也迫切需要加快健全覆盖城乡的职业教育培训网络。目前,我国已进入从人力资源大国迈向人力资源强国的历史新阶段。在全面实现了城乡免费义务教育,基本普及了高中阶段教育,顺利进入了高等教育大众化阶段的形势下,重庆教育已站在了新的历史起点上,在新时期、新阶段必然要求把职业教育摆在更加突出、更加重要的位置上。当前和今后一个时期,改革与发展职业教育的要求很高、任务很重,我们必须以服务为宗旨、以就业为导向、以改革为动力,以创新为目标,突出加快发展职业教育这一主线,特别着重发展中等职业教育,进一步深化职业教育体制机制改革,创新职业教育发展模式,大力提高职业教育的办学质量,全面提高职业教育培养人才的能力和服务产业升级的水平,实现职业教育质量、结构、规模、效益协调发展,为统筹城乡发展,建成“五个重庆”和内陆开放高地作出新的贡献。

17.职业教育发展的具体目标和任务有哪些?

答:(1)充分认识职业教育的作用。职业教育是面向人人,服务社会的教育。发展职业教育对于改善民生、解决“三农”问题、化解劳动力结构性矛盾、促进就业、推动经济社会发展方式转变,都具有重要的作用。

(2)加强职业教育体系建设。构建中等职业教育、高等职业教育、应用技术本科教育、专业硕士培养相衔接的现代职业教育人才培养体系。

(3)提升职业教育基础能力。统筹配置职业教育资源,健全职业教育与培训网络,加快发展面向“三农”的职业教育。职业院校生均校舍面积、图书和仪器设备总值逐年提高,达到全国平均水平,居于西部前列。

(4)明确职业教育管理体制。一是职业教育实行市和区县(自治县)政府统筹、行业指导、企业参与、社会支持的管理体制。二是完善职业教育联席会议制度,建立职业院校与企业合作制度。

18.推动职业教育发展有哪些具体的政策措施?

答:(1)各级政府要把职业教育纳入经济社会发展和产业发展规划。

(2)加强职教园区建设,通过“办校入园、引厂入校”,建设16个职业学校与产业对接的、生产经营与技能人才互动的、资源共享一校企融合的创新型职业教育示范区。

(3)加强实习实训基地建设,建设一批职业教育集团,建成50个网络化职业技能训练平台,50个教学、培训、鉴定、生产一体化实训基地,5个农民工培训集团,10个农民工培训基地,1个市级移民就业培训基地,15个区县移民就业培训基地。

(4)加强“双师型”教师队伍建设,建成职教师资企业实践教育基地30个,中等职业学校特聘教师1 000名。

(5)建立重庆市技能型人才储备库,鼓励企业设立优秀技能型人才特殊津贴,对作出重大贡献的高技能人才给予奖励,提高技能型人才的地位和待遇。

(6)设立重庆市中等职业学校毕业生自主创业基金,加大对毕业生自主创业的支持力度。

(7)完善高等职业技术学院统一考试和自主招生相结合的招生办法。

(8)坚持和完善中等职业学校校长负责制,完善校长资格制度,健全公开招聘、竞争上岗的校长任用机制,试行校长职业化改革。

(9)通过优化职业院校区域布局和专业布局,进一步增强服务重庆经济社会发展的能力。

19.发展职业教育有哪些创新的政策?

答:(1)首次提出实施免费中等职业教育。

(2)进入高等职业技术学院和中等职业学校就读的农村学生可转为城镇户口。

(3)创新职业教育“园校互动”办学模式,搭建校企合作平台,推动教育与产业、学校与企业、专业设置与职业岗位、课程教材与职业标准、教学过程与生产过程的深度对接，依托行业、产业园区推进职业教育集团化办学。

(4)构建中等职业教育、高等职业教育、应用技术本科教育、专业硕士培养相衔接的现代职业教育人才培养体系，搭建人才成长“立交桥”。

(5)加强职业院校内涵建设，改革职业院校学生成绩评价方式，加强学生实习实训和动手能力培养，全面推行“双证制”，提升技能型人才培养质量。

20.高等教育发展任务是在怎样的背景下提出的？

答：直辖以来，我市高等教育发展迅速，特别是2006年以来，高等教育实现了跨越式发展。目前，全市高校共61所，高等教育招生数达28.5万人，在校生规模达80.5万人，毛入学率达到30%。全市每十万人中，高等教育在校学生人数高于全国平均水平，居西部地区前列，已经步入高等教育大众化发展阶段。全市高校在第六届国家级教学成果奖励工作中取得了全国第四、西部第一的好成绩，一批拥有自主知识产权的科技创新成果在国内外产生重大影响，学生竞赛成绩一直保持西部地区前列。

但是，现有的体制机制使得高等教育结构不尽合理，教育投入总体不足，办学自主权尚未很好落实，我市高等教育相较一流大学水平的差距依然比较明显。主要问题体现在：人才培养模式单一，特别是高层次创新型、应用型人才培养质量不能适应经济社会发展需要；存在同质化倾向，缺乏办学特色；布局结构不合理，高等教育办学质量存在较大的差异；高等学校的自主创新能力不强，产学研结合比较薄弱，高等教育服务于经济社会发展的水平较低。

21.发展高等教育有哪些具体的政策措施？

答：(1)推动高等教育内涵发展。把高等教育工作重心从外延发展转向内涵建设、从规模扩张转向质量提升，推进高等教育质量、结构、特色、效益协调发展。以重点学科为引领积极发展研究生教育，以特色专业为主导稳步发展本科教育,以培养动手能力为核心大力发展高等职业教育。

(2)建设高水平大学和特色学校。加强大学城“五个一体化”建设,优化区域中心城市高等学校布局,增设农林、环保、中医药、艺术、体育等高等学校。支持“985 工程”学校加快建成国际知名大学,推进“211 工程”学校发展,建设一批在全国同类院校中特色鲜明、水平领先的大学,建设一批在国内具有较强影响力的高等职业院校。支持有条件的市属高等学校列入新增博士学位授权单位立项建设规划,支持有条件的应用型本科高等学校获得专业硕士学位授权。到 2020 年,力争进入国家“211 工程”、西部及行业特色学校建设的普通高等学校达 2 至 4 所。

(3)加强专业学位教育和学位授权工作。主要有三个方面的内容。首先是支持有条件的市属高等学校列入新增博士学位授权单位立项建设规划。到 2020 年,具有博士学位授予权的普通高校达到 8—10所,具有硕士学位授予权的普通高等院校达到 16 所。其次是加快发展专业学位研究生教育,支持有条件的应用型本科高等院校获得专业硕士学位授权。进一步优化专业学位教育与学术型学位教育结构比例,到 2020 年,新增专业学位举办种类 30 个。攻读专业学位研究生教育在学人数达到 3.5 万人左右。再次是加强博士、硕士学位授权工作。到 2020 年,建设一级学科博士学位授权点 70 个、一级学科硕士学位授权点 280 个。

(4)加快学科专业结构调整与优化。围绕国家战略性新兴产业发展和重庆工业化、城镇化、城乡一体化进程,我市重点学科将建立以国家重点学科为龙头,市级重点学科为骨干,学校重点学科为基础,重点实验室、工程技术中心、人文社科基地为主要支撑平台的三级重点学科体系基础框架。支持地方或行业背景高校建设优势重点学科、重点实验室和工程中心、社科基地等,创建一批高水平、开放式、国际化的科技创新平台和人文社会科学研究基地;建设一批高水平学科专业,服务重庆主导产业群发展。到 2020 年,建成国家级重点学科 50 个,市级重点学科 220 个,国家级重点实验室 8 个,国家级工程(技术)研究中心10个,部市级重点实验室150个,部市级工程(技术)研究中心50个。

(5)提高人才培养质量。人才培养是高等学校的首要任务,提高高等教育质量是高等教育改革和发展的核心。《教育规划纲要》将提升质量作为未来十年全市教育发展五大战略之一。实施高等教育教学改革与质量提升计划,探索并建立起符合高层次、高质量、高素质创新人才成长要求的培养模式和管理机制,加快发展专业学位研究生教育和生产、服务一线急需的技能型人才,建设一批特色专业、精品课程、精品教材、双语示范课程和实践教学示范中心,加快大学生创业孵化基地建设,营造自主创业的良好社会氛围。到2020年,国家级精品课程达到200门,市级精品课程达到800门,市级双语教学示范课程达到180门;建成人才培养模式创新试验区100个。

(6)提高高等学校科学研究水平。加强国家实验室、重点实验室、工程技术研究中心、人文社科重点研究基地建设。以重大项目为依托,建设一批国际国内一流的重点学科和高水平、开放式、国际化科技创新平台与研究基地,建设一批国家级、市级人文社会科学重点研究基地。鼓励围绕人才培养、社会服务和水平提升,积极开展自然科学、哲学社会科学和应用技术研究,增强高等学校服务经济社会发展的能力。到2020年,高等学校产学研战略合作联盟达到100个,产学研示范园区达到30个,国家级人文社会科学研究基地达到5个,市级人文社会科学研究基地达到50个。

(7)推进高等教育国际化。到2012年,中外合作办学项目达到60个,海外孔子学院(孔子课堂)达到20所(个),缔结一批中外友好学校。积极引进国外优质教育资源,引进国际通行职业资格证书体系达到25个,海外优质职业教育课程达到40门。实施“留学重庆计划”,在渝来华留学生规模突破10 000人。

(8)深化高等教育管理体制机制改革。完善高等教育分类指导、部市共建、行业支持、以市为主的管理体制。坚持和完善党委领导、校长负责、依法治校、民主管理、科学决策的现代大学制度。建立高等学校校长遴选机制。扩大高校办学自主权,促进高校自主办学。

更新教育思想和观念,创新人才培养模式。建立专业设置与市场需求信息监测预警机制。深化学分制改革,推进校际教学资源共建共享、学分互认、教师互聘、课程互选。改革高等学校考试招生制度,逐步实行考生考籍社会化管理办法。建立高等学校入学分类考试制度,重点高等学校实行自主考试招生办法,其他普通本科院校实行全国统一考试招生办法,高等职业技术学院实行统一考试和自主考试相结合的招生办法,成人高等学校实行统一考试与注册入学相结合的招生办法。支持高校以科技成果参股的形式参与企业服务。建立高等学校服务农村发展的机制。

(9)实施重大工程。一是实施高等教育振兴计划,博士学位授权单位达到 10 所,硕士学位授权单位达到 18 所,一级学科博士点达到 70 个,一级学科硕士点达到 280 个;二是实施高等教育教学改革与质量提升计划,国家级重点学科达到 50 个,市级重点学科达到 220 个,国家重点实验室达到 8 个,国家工程技术研究中心达到 10 个,部市级工程技术研究中心达到 50 个,人才培养模式创新试验区达到 100 个;三是实施自主创新和产学研一体化、高层次创新人才培养、数字校园建设等计划。

22.发展高等教育的政策措施有哪些突破创新?

答:(1)进一步明确了高等教育在经济社会发展中的重要地位。《教育规划纲要》强调高等教育是城市核心竞争力的关键因素,提升重庆高等教育综合实力是建设西部地区教育高地和人力资源强市的基本要求。

(2)进一步明确了高等教育改革要以提升质量为核心。《教育规划纲要》将提升质量作为未来十年全市教育发展五大战略之一,并指出提高高等教育质量是高等教育发展的核心任务,强调高等学校的各项工作都应为提高教育质量服务。

(3)进一步明确了高等学校发展应该突出办学特色。《教育规划纲要》强调高等学校要充分发挥自身优势,注重学科专业分层次协调发展,加强高等学校优势学科的培养。

(4)进一步要求提高高等学校的核心竞争力。大力实施高等学校核心竞争力与质量提升工程,实现重庆高等教育和经济社会的同步发展,引领产业结构的升级调整。建立专业设置与市场需求信息监测预警机制,实施新一轮市级示范性高等职业院校建设计划,建设5—7所市级骨干高等职业院校。

(5)进一步要求提高高等学校服务经济社会的能力。《教育规划纲要》要求建立高等学校与企业、科研院所合作和结对扶持区县(自治县)发展的长效机制,推动高新技术产业化,鼓励高等学校与企业和区县共同建立产学研示范园区、技术创新中心等科技创新平台。

23.继续教育发展任务是在怎样的背景下提出的?

答:随着经济社会和教育的改革与发展,继续教育被赋予新的内涵。继续教育是面向学校教育之后所有社会成员的教育活动,特别是成人教育活动,是终身学习体系的重要组成部分。加快发展继续教育,是持续开发人力资源、建立学习型社会、促进教育公平、满足人民群众日益增长的多样化教育需求和提高国民素质的重要途径,对于全面建设小康社会、提高综合国力、建设人力资源强国和人才强国具有十分重要的战略意义。

重庆市初步建立了多元化的继续教育办学及服务体系,为数百万计的社会成员提供了多形式、多类型的补偿性教育、职业培训和文化素质培训,为数十万从业人员和其他社会成员提供了接受中等教育和高等教育的机会,有效提升了广大社会成员的思想道德素质、科学文化水平、职业发展能力和受教育程度,缓解了社会成员普遍增长的教育需求与教育资源相对不足的矛盾,促进了教育公平和民生改善,为中国特色社会主义现代化建设做出了重要贡献。

从现在起到2020年是我国全面建设小康社会、加快推进社会主义现代化建设的关键时刻,我国政治、经济、文化、社会以及生态文明建设全面推进,工业化、信息化、城镇化、市场化、国际化深入发展,人口、资源、环境压力日益加大,知识更新速度空前加快,科技进步日新月异,调整经济结构,转变发展方式,提高国民素质的要求更加紧迫。

面对国内外社会经济深刻变革和人才竞争日趋激烈的新形势,进一步加快继续教育改革与发展,构建终身教育体系和建设学习型社会,已经成为建设人才强国和创新型国家、提升综合国力和国际竞争力的重大战略任务。

目前,重庆市继续教育还不能适应经济社会发展和广大社会成员多样化的教育需求。主要问题表现在:继续教育观念相对落后,办学体制较为僵化,资源配置不合理,总体参与率不高,优质资源不足,共享程度偏低,教学内容和方法有待改进,质量保障体系亟待健全,经费保障机制不够完善,统筹管理体制尚未形成,制度法规不够健全等。

24.继续教育的发展战略、目标和任务是什么?

答:《教育规划纲要》明确了一大战略、一大目标、三大任务。

(1)一大战略:实施全面教育战略,建立各级各类教育沟通衔接机制,建立全民学习、终身学习的学习型社会,保障全体市民学有所教、学有所成、学有所用。

(2)一大目标:搭建终身学习的"立交桥",构建"人人皆学、时时能学、处处可学"的学习型社会。

(3)三大任务:第一,健全继续教育体制机制。一是完善继续教育政策法规,健全继续教育机构准入与退出、机构资质认证制度。二是建立继续教育质量标准,加强办学监管和质量评估机制的建设。三是完善非学历教育学习成绩鉴定制度,建立成人高等教育、成人中等职业教育弹性学习制度和个人学习成果认证制度。第二,健全继续教育体系。一是建设市、区县(自治县)、乡镇(街道)三级继续教育与终身学习公共服务体系。二是充分利用电大远程教育资源,建设以网络、卫星、电视等为载体的重庆开放大学。三是整合区县(自治县)、乡镇(街道)和社区的各类教育资源,积极发展社区教育、老年教育。第三,创新继续教育的内容和形式。一是积极开展覆盖城乡的成人职业培训,实施以提升应用能力为核心的学历教育。二是组织实施劳动者职业技能提升、社区继续教育发展、专业技术人员知识更新、转岗再就业、农村劳动力转移和新型农民培训等计划,全面提高劳动者素质。三是发挥各类院校和社区教育机构的资源优势，开展成人学历教育、非学历教育和社会化培训。

25.发展继续教育有哪些具体政策措施？

答：(1)市和区县(自治县)政府成立继续教育协调机构，统筹指导继续教育发展。

(2)完善经费投入和成本分担机制，对农民、残疾人、失业人员等接受继续教育给予资助。

(3)建立社会教育资源定期开放制度，文化宫、博物馆、科技馆、图书馆、大型植物园、爱国主义教育基地等公益设施定期向社会免费开放。

(4)构建以继续教育资源库为支撑、电视教育网络与计算机网络相衔接、面向市民的数字化终身学习服务平台。

(5)建成市级继续教育示范区县(自治县)20个，市级继续教育示范培训基地30个，市级示范社区继续教育指导站400个，合格乡镇成人(技术)学校500所。

26.重庆教育对外开放有怎样的发展目标？

答：总目标：扩大教育开放力度，推进内陆开放高地和内陆开放型城市建设。

(1)加强重庆与其他省区市之间的教育交流与合作，特别是扩大在西部地区和在长江上游地区的教育交流与合作，积极推动重庆与港、澳、台地区的教育交流与合作，促进相互学习、资源共享、有无互通、优势互补，提升我市教育发展水平和人才培养质量。

(2)推动重庆教育的国际交流与合作，借鉴国外先进的教育理念和教育经验，充分利用国外优质教育资源，提高重庆教育国际合作水平，培养大批具有国际视野、通晓国际规则、能够参与国际事务与国际竞争的人才。

(3)对外开放工程的具体指标。一是国际交流与合作平台建设：中外合作办学项目达到50个，海外孔子学院(孔子课堂)达到20所

(个),缔结一批中外友好学校。二是国外优质教育资源引进:国际通行职业资格证书体系达到25个,海外优质职业教育课程达到40门。三是出国留学资助:设立公派出国留学基金,每年选派500至700名优秀人才出国进修学习。四是引智力度加强:常年聘请外国专家、外籍教师2 500人。五是“留学重庆计划”实施:在渝留学生规模突破10 000人。

27.重庆教育对外开放有哪些重大政策措施?

答:通过开展多层次的教育交流与合作,探索扩大教育开放合作的新途径、新领域和新机制,通过破解中外合作中的难题,寻求突破点,扩大增长点,突出亮点,加强重点,促进教育对外开放向全方位、多领域、高层次发展。

(1)引进优质教育资源。一是坚持“扩大开放、依法办学、规范管理、促进发展”的方针,支持高等学校引进世界知名大学、教育和科研机构、企业来渝合作办学,合作设立教育教学、实训、研究机构或项目,开展学校间的课程合作、学分互认、合作培养等。二是坚持“按需聘请、保证质量、注重效益”的原则,实施海外名师引进项目、教育部“春晖计划”、重庆“两江学者”计划等。三是通过政府渠道、行业组织、民间协会、友好学校,积极引进高水平外籍专家学者和优秀留学人员来渝讲学、合作科研、任教、担任管理职位等。四是提高高等学校和有条件的高中阶段学校聘任外籍教师的比例,提高高等学校的学科建设水平和人才培养质量,增强综合竞争力。

(2)实施“留学重庆计划”。积极扩大来华留学生规模,提高来华留学生的层次和质量。一是努力开发面向来华留学生的品牌专业和精品课程,加速外语授课师资队伍建设。二是完善留学生奖学金制度和资助政策,充分用好“重庆市人民政府外国留学生市长奖学金”,并努力推动重庆驻海外企业设立奖学金,吸引和培养企业发展所需国际化人才。三是努力争取更多的中国政府来华留学奖学金名额和国家汉办孔子学院奖学金名额。四是建立来渝留学生预备教育制度,加强外籍学生汉语言能力教育和巴渝人文社会教育,促进巴渝文化走向世界。五是加强来华留学配套服务和管理能力，构建来华留学教育质量评估体系，改善来华留学人员的后勤生活保障制度。六是加快国际学校建设，在现有基础上，力争再引入 2—3 所国际学校，为在渝外籍人士子女就学创造良好条件。

(3)鼓励出国交流培训。一是在“扩大规模、提高层次、保证重点、增强效益”的工作基础上，支持重庆学校与国外学校开展学术交流、科研合作、师生互派和其他人员的交流。二是鼓励和支持各级各类学校校长和教师到海外培训和进修。三是创新公派留学机制，动员和吸纳各类社会资源，拓宽公派出国留学渠道，重点做好以下工作：第一、指导学校做好各类国家公派留学项目的申报工作。第二，实施好“西部地区人才培养特别项目”。第三，加强与境外相关机构的联系，使更多在校大学生到海外大学、研究机构、国际组织和跨国企业学习进修、实习见习。第四、多方筹措资金，鼓励高校自主设立专项交流资金，选派优秀教师、学校管理人员和青年教师出国交流、进修。第五、加强自费出国留学的政策引导和监管，为自费出国留学人员提供良好的服务平台。

(4)开展国际汉语教育。鼓励和支持重庆学校走出去办教育，努力构建“走出去”、“请进来”的畅通桥梁，扩大重庆教育的国际影响力。一是鼓励和支持重庆学校在国外建立和办好一批孔子学院(课堂)。二是做好“汉语桥”系列活动的组织工作，承办好“汉语桥”世界中学生中文比赛。三是继续从全市范围内遴选对外汉语教师和志愿者，不断扩大对外汉语教师和志愿者的派出规模。四是争取更多享有孔子学院奖学金的学生来渝学习。

28. 教师队伍建设任务是在怎样的背景下提出的?

答：改革开放以来，特别是重庆直辖以来，市委、市政府坚持实施科教兴渝和人才强市战略，大力弘扬尊师重教的优良传统，全市教师队伍建设工作取得了明显成效。到 2010 年底，全市各级各类学校教职工总数为 362 489 人，专任教师总数为 297 031 人，比直辖之初增长近 20%。教师队伍整体素质不断提高，学历合格率达到 97%以上。

教师队伍结构不断改善,高层次人才队伍不断壮大,两院院士等国家级人才比直辖之初翻了一番。教师的科研水平与创新能力不断增强,在渝高校教师获得的国家、市级科技进步奖项占全市60%以上。教育人事制度改革取得重大突破,在全国率先解决代课教师问题、兑现义务教育学校教师绩效工资。教师的责任感、使命感不断增强,涌现出一大批先进典型和优秀教师群体。教师队伍整体水平的提升,加快了各类人才培养,较好地满足了经济社会发展对人才的需求。

虽然全市教师队伍建设取得了长足进步,但与办人民满意的教育的需求和经济社会快速发展还不相适应。主要问题体现在:教师总量相对不足,教师学历、职称和学科结构有待进一步改善;教师队伍职业理想和职业道德有待进一步增强;教师专业发展水平相对不高,教师培养、选用、引进、评价与激励机制有待进一步创新;高层次人才队伍相对不足,在国内外有影响力的领军人物和教育名家大师较为缺乏;教师队伍建设经费投入相对不足。

当前,我国正处在深入贯彻落实科学发展观、加快经济方式转变、全面建设小康社会和加快推进社会主义现代化建设的关键时期,人才资源已成为重要的战略资源。重庆的改革和发展,关键靠人才,基础在教育。强国必先强教,强教必先强师。加强教师队伍建设,培养和造就一支高素质专业化的教师队伍,已成为加快建设西部地区教育高地、长江上游地区教育中心和人力资源强市的必然要求,已成为重庆加快实现"314"总体目标的迫切要求。

29.教师队伍建设有哪些目标和任务?

答:(1)到2020年,培养和造就一支师德高尚、业务精湛、结构合理、充满活力的高素质专业化教师队伍,教师队伍建设主要指标在西部地区领先、在全国位居前列。

(2)针对不同层次教师的特点提出了不同的任务重点:学前教育为适应公益性、普惠性的要求,重点规范师资的配置;义务教育为适应均衡发展的要求,重点加强城乡师资一体化配置;普通高中为适应加快普及的要求,重点实现师资的增量优质;中职教育为适应大力发展的要求，重点加强“双师型”教师队伍建设；高职教育为适应重庆经济产业发展的要求，重点提升“双师素质”；本科院校为适应建设创新型城市、人力资源强市的要求，重点加强高层次人才队伍建设。

(3)对教师队伍的学科结构建设和培养做出了明确而具体的目标规划。逐步配齐幼儿园教职工和中小学外语、体育、艺术、科学、健康教育、综合实践活动等学科教师和校医、心理辅导人员；新增普通高中学校教师 10 000 名、中等职业学校特聘教师 1 000 名；建成职教师资企业实践教育基地 30 个；积极培养国家教学名师，选派 1 000 名中青年教师参加国内研修培训、1 000 名中青年教师参加海外研修培训；评聘“巴渝学者特聘教授”100 名，“两江学者”达到 10 名以上；集聚新世纪“百千万人才工程”国家级人选 200 名、长江学者人选 50 名；培养巴渝教育名家 60 名，培训中小学及幼儿园骨干教师 6 000 名、骨干校长 1 300 名。

30. 教师队伍建设有哪些重大政策措施?

答:(1)加强师德师风建设。“培养什么人、怎样培养人”是师德修养的出发点和落脚点。《教育规划纲要》从四方面强调了加强师德师风建设:一是明确教师队伍建设的总体目标。要严格审核教师资质，提升教师素质，努力建设一支师德高尚、业务精湛、结构合理、充满活力的专业化教师队伍。二是突出师德在教师队伍建设中的重要地位。强调要坚持把师德建设放在教师队伍建设的首位，加强教师职业理想和职业道德教育，增强教师教书育人的责任感和使命感。三是对师德建设提出了具体要求。如教师要关爱学生、严谨笃学、淡泊名利、自尊自律，以人格魅力和学识魅力教育感染学生，作学生健康成长的指导者和引路人。四是采取一系列措施切实加强师德建设。要建立教师职业道德信誉记录制度，将师德师风作为教师年度考核的重要内容和评优奖励的重要依据。要引导教师克服学术浮躁心理，形成良好的学术道德风尚。要加强教师法制教育，规范教师从教行为，严禁教师利用职务之便动员、组织或强迫学生接受有偿补课。

(2)提升教师专业化水平。教师专业化发展已经成为教师队伍建设的主要方向和目标。《教育规划纲要》从五方面提出了提升教师专业化水平的举措:一是明确教师专业化发展目标。倡导教育家办学,营造有利于教育家成长的办学环境,培育造就一批名校长、名教师、学术(技术)带头人和学科领军人才。二是加强教师培养培训,构建以师范院校为主体、综合院校积极参与的教师教育体系。要推进教师培训和教研机构建设工作。要落实培训专项经费,开展五年一周期的中小学和幼儿园教师全员培训,加强校(园)长、班主任等岗位培训。三是促进中等职业学校教师专业发展。要求完善中等职业学校专任教师能力标准,支持职业院校从企事业单位选调、招聘高学历、高职称的优秀技能型人才担任教师。四是加强高等学校创新团队和教学团队建设,鼓励高等学校中青年教师到国内外重点高等学校、知名研究机构进修、访学。五是提高教育科研人员水平。要严格教育科研人员准入条件。鼓励教师开展教育科学研究,探索教育教学规律,创新教育教学模式和方法。

(3)提高教师地位待遇。《教育规划纲要》从六方面提出了提高教师地位待遇的策略:一是依法落实教师工资政策。要落实和完善教师绩效工资政策,依法保证教师平均工资水平不低于或高于当地国家公务员的平均工资水平,并逐步提高。二是按照国家政策规定,落实特殊教育学校教师岗位津补贴,保证艰苦边远地区教师的高定工资和津补贴。三是鼓励和引导优秀大学生到农村地区学校任教。四是落实教师医疗、养老等社会保障政策,定期组织教师参加体检,关注教师心理健康。五是改善教师工作、学习和生活条件,建设农村学校教师周转住房。六是设立教师奖励基金,对长期从教、贡献突出的教师予以表彰奖励。

(4)完善教师管理制度。《教育规划纲要》从六方面提出了完善教师管理制度的要求:一是要理顺教师管理使用体制。市级教育行政部门统一组织中小学教师资格考试和资格认定,区县(自治县)教育行政部门按规定履行中小学教师的招聘录用、职务(职称)评聘、培养培训和考核等管理职能。二是要严格教师准入制度。完善并严格实施教师准入制度，建立教师资格证书定期登记制度。三是要创新教师管理制度。探索建立中小学及学前教育公办教师“县管校用”机制，建立民办学校教师注册管理制度。加强学校岗位管理，建立并完善教师转岗、退出机制。四是要完善教师职务（职称）评聘制度。建立统一的普通中小学、中等职业学校教师职务（职称）系列，在普通中小学和中等职业学校设置正高级职务（职称）。城镇中小学教师评聘高级职务（职称），原则上要有一年以上农村学校或薄弱学校任教经历。五是要统一城乡义务教育学校教职工编制标准，编制向农村学校倾斜。结合学校区位、班级数、学科等综合因素核定农村教师编制，保障农村学校教育教学需要。要落实公办幼儿园及农村完全小学附设幼儿园（班）人员编制，并定期核定和补充。民办幼儿园要按照国家有关标准配足保教人员。六是要建立和完善中小学教师和校长合理流动机制。

31.教师队伍建设政策制度有哪些突破创新？

答：(1)建立教师职业道德信誉记录制度，将师德师风作为教师年度考核的重要内容和评优奖励的重要依据。

(2)完善中等职业学校专任教师能力标准，支持职业院校从企事业单位选调、招聘高学历、高职称的优秀技能型人才担任教师。

(3)鼓励高等学校中青年教师到国内外重点高等学校、知名研究机构进修、访学。

(4)建设农村学校教师周转住房，改善教师工作、学习和生活条件。

(5)建立教师资格证书定期登记制度。

(6)探索建立中小学及学前教育公办教师“县管校用”机制，建立和完善中小学教师和校长合理流动机制，建立民办学校教师注册管理制度，建立和完善教师转岗、退出机制。

(7)建立统一的普通中小学、中等职业学校教师职务（职称）系列，在普通中小学和中等职业学校设置正高级职务（职称）。

(8)统一城乡义务教育学校教职工编制标准，结合学校区位、班级数、学科等综合因素核定农村教师编制。落实公办幼儿园及农村完全小学附设幼儿园(班)人员编制,按照国家有关标准配足民办幼儿园保教人员。

(9)建立骨干教师、学科带头人、名师工作室主持人、未来教育家的中小学名师或成长序列,引领教师专业化成长。

(10)建立和完善教育科研人员准入机制,加强教研培训机构培训者队伍建设。

32.如何健全教育投入体制,加大教育财政投入?

答:(1)加大教育公共财政投入力度,大幅度增加教育投入。一是坚持把教育作为公共财政支出的重点予以优先保障,政府从预算内和预算外、预算和决算、中央决算和地方决算等方面保障教育经费投入,依法确保教育经费“三个增长”。二是保持财政性教育经费支出占全市国民生产总值的比例为4%。市级教育经费占市级经常性财政收入的比例每年提高一个百分点,区县(自治县)逐年提高本级财政支出中教育支出的比例。三是落实国家征收教育费附加政策,按增值税、营业税、消费税的3%足额征收,同时开征地方教育费附加,按增值税、营业税、消费税的2%征收,均专项用于教育事业。四是各级政府财政超收收入、土地出让、城市建设配套等政府性基金收入,按年初预算教育支出占财政支出比例用于教育。

(2)明确各级政府公共教育服务职责,完善各级教育经费投入机制。一是建立各级教育经费投入体制机制。义务教育阶段全面纳入公共财政保障范围。完善以政府投入为主、受教育者合理分担、其他多种渠道筹措经费的非义务教育投入机制。学前教育建立政府投入、社会举办者投入、家庭合理负担的体制;普通高中教育实行财政投入为主、其他渠道投入为辅的体制;中等职业教育实行地方政府、行业、企业和社会力量等多渠道筹集经费的体制;高等教育实行举办者投入为主、受教育者合理分担培养成本、学校设立基金接受社会捐赠的体制;继续教育实行政府和单位投入为主、受教育者合理分担培养成本的体制。二是多渠道增加教育投入。鼓励和吸引国内外资金来渝投资办学。通过划拨或优惠出让土地、税费减免、金融扶持和政府奖励等政策措施，鼓励企业、社会团体和个人投资教育。完善非义务教育培养成本分担机制，科学核定办学成本，合理确定教育者个人或家庭分担比例，并根据经济发展情况、培养成本变动情况和群众承受能力适时调整学费标准。完善捐赠教育激励机制，严格落实企业、社会组织和个人教育公益性捐赠支出在所得税税前扣除的政策。四是建立捐赠教育收入政府财政配比资金的制度。

(3)调整教育经费支出结构，确保对重点领域的投入。一是根据经济发展水平和教育改革发展的需要，制定并逐步提高各级各类学校生均经费基本标准、生均拨款基本标准。保障对教育基础设施建设和维护的投入，加大对师资保障、安全保障、教育科研经费的投入。二是建立拨款与绩效奖励相结合的非义务教育经费分配制度，加大对各级各类教育经费支出结构的调整力度，将学前教育经费列入各级政府财政预算，新增教育经费向学前教育倾斜，增加特殊教育、继续教育投入。三是完善教育财政转移支付力度，支持农村欠发达地区、三峡库区和民族地区教育事业发展，特别要加大国家和市级扶贫开发工作重点区县(自治县)教育经费的投入力度。四是健全国家资助政策体系。学前教育阶段，政府对家庭经济困难幼儿入园给予补助；义务教育阶段，全面免除学生学杂费并补助公用经费，免费提供教科书，对家庭经济困难的寄宿生提供生活补助；中等职业教育阶段，建立并完善以国家助学金供给，家庭经济困难学生和涉农专业学生免除学费、住宿费措施为主，以学生顶岗实习、学校减免学费措施为辅的资助政策体系；普通高中阶段，建立并完善为家庭经济困难学生提供助学金和为城乡低保家庭学生减免学费的资助政策；高等教育阶段，建立并完善以国家奖助学金、生源地信用助学贷款和国家助学贷款等措施为主，以应届毕业生入伍服义务兵役学费补偿和贷款代偿、校内奖助学金、勤工助学、减免学费等措施为辅，并与确保家庭经济困难学生顺利入学的“绿色通道”等措施相结合的资助政策体系。五是规范学校举债行为，建立公办学校债务偿还机制，逐步化解学校债务。

(4)切实加强教育经费使用管理,提高经费使用效益。一是建立责权一致,事权、财权相统一的教育经费管理体制。二是严格执行国家财政资金管理制度和财经纪律,建立科学化、精细化的预算管理机制。三是设立高等教育拨款咨询委员会,增强项目经费分配的民主性和科学性。核定公办高等学校年度基建(含校舍修缮、维修)拨款基数。四是在高等学校设立总会计师,提升经费使用和资产管理的专业化水平。五是建立健全学校经费管理使用制度,严格执行大额资金使用集体决策和报批备案制度。六是建立各级财政教育投入增长考核制度、公共财政投入持续增长监督和责任追究制度。七是完善学校财务信息公开制度和经济责任审计制度,强化重大建设项目和经费使用的全过程审计。

33.推进城乡教育均衡发展的基础怎样?

答:在市委、市政府的领导下,各级教育部门和机构、学校紧扣教育改革的焦点问题,及时实施系列专项工程,城乡学校办学条件得到切实改善。

(1)完成中小学塑胶运动场建设任务。按照市委三届四次全会关于“用三年时间建成1 000片中小学塑胶运动场地”的要求,在2008年、2009年分别建成257片和329片的基础上,2010年筹集资金9.6亿元,新建塑胶运动场498片,累计建成1 084片,超额完成市委市政府下达的建设任务。渝中区、渝北区、沙坪坝区、南岸区、九龙坡区、万州区、奉节县、开县、忠县、巴南区、綦江县、长寿区、潼南县、合川区、铜梁县等15个区县超额完成任务,未完成建设任务的区县仅是最边远地区的国贫县。

(2)完成寄宿制中小学建设目标任务。市委三届七次全委会决定,将加强农村义务教育阶段寄宿制学校建设作为改善民生、解决农村留守儿童上好学的重大举措,并下达了在2010年完成400所寄宿制学校的建设任务。

为确保寄宿制学校建设顺利实施,市教委在制定投资计划时,根据各区县申报2010年建设学校项目的实际,计划建设学校高达511

所，投资 17.1 亿元。为确保目标任务的顺利完成，市教委采取了一系列措施。首先统筹中央由市级安排各区县的各项建设资金 10.36 亿元；其次市级安排农村寄宿制学校建设专项资金 7 652 万元；第三在各区县办理建设手续过程中，相关部门认真贯彻落实了寄宿制学校建设工程优惠政策，减免相关税费，减少建设成本；第四要求各区县寄宿制学校建设工程严格按照“五统一”建设要求实施，确保工程建设质量；第五适时将全市寄宿制学校建设进度通报各区县教委，促使其加快建设进程；第六建立包片督查责任制，将 38 个区县分成 9 个责任片区，采取以市教委领导带队、处室分片包干进行专项督查，促进了建设工作的进度和确保了质量；第七建立了考核问责制，对未按时完成建设计划的区县，在年度目标考核中扣分，在督导考核教育年度指标完成情况时实行“一票否决”制，在分配市级其他教育资金时减少补助额度。

通过各级领导和部门、区县教委的共同努力，截至 2010 年 12 月 15 日，已竣工的农村寄宿制学校达 484 所，在建学校 25 所，正在办理施工前期手续待开工学校 2 所，总体超额完成 2010 年市委、市政府下达的 400 所的建设任务。

(3)实施中小学校舍安全工程，确保广大师生安全。2010 年，在对四川汶川地震后中小学校舍排查鉴定结果的基础上进行了新一轮核查，共排查、鉴定中小学 8 504 所，单体建筑房屋 42 980 栋，建筑面积 3 454 万平方米。全市累计落实校安工程专项资金 26.1 亿元，其中包括 2010 年市级专项投入 5.7 亿元。截至 2010 年 11 月底，全市已开工改造学校 1648 所，开工项目 2575 个，开工面积 342 万平方米，占规划改造面积的 62%，开工率名列全国第 13 位。已竣工学校 1 043所，竣工项目 1 742 个，竣工面积 222 万平方米，占规划改造校舍面积的 41%，竣工率名列全国第 17 位。

(4)农村初中校舍改造工程。2010 年中央实施了扩大内需，促进经济平稳较快发展的政策，安排我市农村初中校舍改造项目 50 个，其中初级中学 44 个，九年制学校 6 个，补助建设资金 8 900 万元。截至 11 月底，全市在建项目 49 个，建筑面积 102 420 平方米，累计支付资金 1 994 万元,竣工项目 1 个,竣工面积 12 518 平方米,支付资金 135 万元。

(5)改造学校饮水设施。2010 年投入资金 1.36 亿元改造学校师生饮水项目,解决了全市 45 万师生的饮水安全问题,进一步提高了我市师生,尤其生活条件较为艰苦的农村贫困地区师生的健康水平。

(6)构建新型警务机制,确保师生安全。为确保广大师生安全,我委认真落实中央和市委、市政府关于加强中小学和幼儿园安全保卫工作的统一部署,按照规定配置校园安保人员及设备,全市安排校园安保工作专项经费 4.4 亿元(其中市级投入安保人员经费 20 540 万元,设备经费 7 663 万元),惠及 464 万幼儿园和中小学学生。投入设施设备专项经费 1.2 亿元配置安保器械等,新安装视频监控点 7 905个;拨付安保人员经费 3.2 亿元,配备校园安保人员 3.4 万名,新增安保人员 1.8 万名。截至目前,中小学、幼儿园新型警务机制建立后,全市未发生任何安全事故,确保了广大师生的人身安全。

(7)高校建设取得新成效。一是大学城校园建设初具规模。2010 年,高校竣工校舍 64 万平方米,完成投资 14 亿元,累计竣工校舍 410 万平方米,完成投资 90 亿元,入驻高校 13 所,入住师生 15 万人。大学城校园建设项目于 2010 年荣获 2009 年度重庆市人民政府重点工程建设目标考核先进单位。二是其他高校基本建设稳步推进。除大学城高校外,全市其他高校竣工校舍 116 万平方米,完成投资 21 亿元。重庆工业职业技术学院渝北校区、重庆三峡学院五桥校区、重庆电大合川校区已完成新生入住工作。重庆交通大学双福新校区建设已全面开工,重庆工程职业技术学院江津新校区已完成规划设计。三是高校建设项目招投标工作进一步规范。2010 年,全面监督了大学城入驻高校、教育学院、工业职业技术学院、三峡学院、电大、交通大学、西南政法大学、重庆医科大学、重庆理工大学等高校建设项目招投标工作,现场派人参与监督 20 余次。现场派人参与监督 20 余次我委及直属单位国有投资建设项目 54 个,其中,实施公开招标项目 53 个,公开招标率达 99.89%。四是积极争取教育部逸夫捐赠高校项目 1 个(重庆理工大学实验楼),获得赠款 600 万元。

截至2010年底，重庆市实施校安工程共改造D级危房118万平方米，改造C级危房104万平方米，重建校舍193万平方米，加固校舍89万平方米，改扩建投特殊教育学校8所，建成农村寄宿制学校2 080所、塑胶运动场1 084片，新增高校校舍180万平方米，新征校地2 100亩，完成投资35亿元，顺利实施农村初中改造工程50个，义务教育阶段学校建设标准化率达到60%。

34.推进城乡教育均衡发展存在哪些主要问题?

答:尽管通过工程项目的实施使学校办学条件得到了明显改善，但基础教育在城乡之间、区域之间、校际之间的办学条件仍不均衡，学校建设成本仍然较高，要全面实现城乡教育均衡发展的目标尚有许多问题要解决，主要表现在以下几个方面。

(1)学校布点和建设规划没有长远考虑，农村学校校舍闲置加剧。

(2)城镇学校建设跟不上城镇化建设步伐，大班额现象仍然十分突出。

(3)区县未建立统一的学校建设项目库，造成中央和市级资金项目安排依据不充分，即使获得国家投资计划和市级资金补助后，仍不能按时开工建设并竣工交付使用，影响全市工程实施进度。

(4)随着居民经济条件的改善和寄宿制学校的建设，大部分学生就读于城区、镇乡所在地学校，导致部分村小闲置，资源未得以充分利用和合理处置。

(5)学校建设征地补偿和完善的前期手续税、费过多，是学校建设负债和建设成本过高的因素之一。

35.推进城乡教育均衡发展，改善办学条件有哪些主要举措?

答:《教育规划纲要》针对重庆集大城市、大农村、大山区、大库区、少数民族地区于一体的特点，结合统筹城乡战略，提出了义务教育阶段学校标准化建设目标，即2012年标准化率达到70%，2015年达到80%，2020年达到95%。为实现这个目标，《教育规划纲要》制定了改善办学条件的系列措施。

(1)调整学校布局结构,做好学校建设规划。一是实施学前教育推进工程三年行动计划。到2012年,新建和改扩建乡镇中心幼儿园700所,实现乡镇中心幼儿园全覆盖。二是适应城镇化率不断提高和户籍制度改革的需要,根据人口分布密度,调整学校布局结构,做好学校建设规划,在主城拓展区、区县城、小城镇新建115所中小学,满足新增城镇人口的教育需求;计划2011年全市新建小学、初中、高中各20所;2012年全市新建小学15所、初中20所、高中20所。三是配合市发展改革委,完善对闲置学校资源的调研分析,为市政府出台整合闲置校舍资源政策提供决策参考。四是根据地方产业发展和学生就学需求,集中布局和建设中等职业学校,推进职业教育中心与产业园区间的合作与共建。五是深入推进大学城"五个一体化"建设,整合高等教育资源,实现"平台共建"、"资源共享",整体提升高校的办学水平,凸显高校的聚合效应。

(2)推进"五个校园"建设,优化育人环境。一是推进平安校园建设,全市校舍建设和教学设备设施达到国家规定标准,平安校园比例达到98%以上;二是推进健康校园建设,全市中小学体育卫生条件达到《国家学校体育卫生条件试行基本标准》,学生体质健康标准抽样合格率达到95%以上,健康校园比例达到90%以上;三是推进绿色校园建设,全市校园绿地率超过30%,绿色校园比例达到95%以上;四是推进数字校园建设,现代远程教育"班班通"实现全覆盖,初步建成西部地区教育信息化示范区,数字校园比例达到85%以上;五是推进人文校园建设,人文校园比例达到95%以上。

(3)实施中小学校建设标准化,切实改善薄弱学校办学条件,切实解决大班额问题。一是加大薄弱学校改造力度,完善2 000所农村寄宿制学校配套功能建设。二是加大校安工程实施力度,全面提高校舍综合防灾能力。到2012年,改造D级危房78万平方米,改造C级危房191万平方米,重建校舍153万平方米,加固校舍167万平方米。到2015年,改造C级危房241万平方米,重建校舍49万平方米,加固校舍188万平方米。到2018年,加固维修抗震设防不达标校舍

1 000万平方米。三是按标准配置教学设施设备、图书、多媒体远程教育设备。四是实施区县城区、镇乡学校扩容改造及附属生活设施建设。

(4)加强特殊教育学校建设,适应残疾少年儿童就学需求。一是圆满完成国家下达的2008、2009年中西部地区特殊教育学校建设及新增中央预算内投资计划的8所特殊教育学校的建设任务,总投资9 760万元,建筑面积43 675平方米;二是顺利推进国家下达的2010年中西部地区特殊教育学校建设中央预算内投资计划建设项目,总投资3 814万元,改扩建潼南县特殊教育学校等8所学校,建筑面积31 298平方米;三是积极推进国家发展改革委向我市下达的2011年7个投资计划建设项目,国家总投资3 430万元,目前正在顺利实施;四是努力争取推进国家2011年向我市下达的2012年特殊教育学校建设项目,继续推进2008年纳入国家中西部特殊教育学校建设项目库的江津区、铜梁县和梁平县的特殊教育学校建设项目,力争使这些项目在2011年顺利实施。

(5)加快职业教育基础能力建设,切实提高学生技能水平。一是加强国家重点(示范)职业学校建设,建成国家示范中等职业学校30所,国家重点中等职业学校40所,市级重点中等职业学校50所,国家和市级骨干高等职业院校10所;二是加强职教园区建设,建成16个职业教育园区;三是加强实习实训基地建设,建设一批职业教育集团,建成50个网络化职业技能训练平台,50个教学、培训、鉴定、生产一体化实训基地,5个农民工培训集团,10个农民工培训基地,1个市级移民就业培训基地,15个区县移民就业培训基地。

(6)加大库区移民学校建设力度,切实解决遗留问题。一是认真督促库区各区县全面完成8所库区移民学校建设任务;二是主动与国家移民部门、财政部门积极争取,将库区学校迁建的资金缺口合26.7亿元纳入到三峡工程后扶规划中,切实解决库区学校迁建过程中形成的巨额债务问题。

(7)认真贯彻相关政策,落实学校建设用地行政划拨。认真贯彻落实《中共重庆市委重庆市人民政府关于加快教育改革与发展的决定》(渝委发〔2004〕27 号)规定,凡非营利性教育设施建设项目用地依法实行行政划拨。在征地报建阶段,按低限收取耕地开垦费、耕地占用税、征地统筹费、征地管理费,新增建设用地有偿使用费按先征后返原则返还学校,用于校区建设。

(8)积极协调相关部门,落实学校建设税费减免、返还政策。加强部门沟通和协调,按照渝委发〔2004〕27 号、渝府发〔2001〕71 号、渝府发〔2002〕1 号、渝办发〔2005〕48 号和市政府专题会议纪要等文件规定,督促市级相关部门落实学校建设项目,免缴城市建设配套费、绿化建设费、建设用地管理费、抗震设施监审费、用地勘察费、水土保持费;减半征收人防工程易地建设费、建设工程规划综合费、地质灾害勘察评估费、建设工程定额测定费、建设工程综合服务费、质量监督费、安全监督费、工程环境评估费;免缴校舍天然气初装费、热水器安装费;高校校舍等基础设施建设的建安营业税及附加费按现行财政体制由市、区两级全额返还;按原有政策未减免的土地出让金和城市配套费按照收支两条线的办法全额返还高校,用于基础设施建设;高校老校区置换土地拍卖所得在扣除国家规定的有关规费后的收入分配,当收入低于本校新校区建设总投资的,全额返还学校用于新校区建设,当高于本校新校区建设总投资的,按批准的新校区总投资额度返还学校,剩余部分由教育、财政部门统筹,用于学校建设。通过这一系列措施,尽力降低学校建设成本。

后记

《重庆市中长期城乡教育改革和发展规划纲要(2010—2020年)》(以下简称《教育规划纲要》),在市委、市政府的高度重视和正确领导下,在市委教育工委、市教委的精心策划和全力推进下,在市级各部门通力合作和大力支持下,在社会各界的高度关注和积极参与下,在教育战线广大教师和教育工作者的献计献策和共同努力下,在参与编制工作的专家教授的全心投入和辛勤耕耘下,于2010年12月24日市委、市政府正式颁发了。《教育规划纲要》的颁发,必将对未来10年重庆教育改革和发展产生重大而深远的影响。

为了配合全市上下学习宣传和贯彻落实《教育规划纲要》,《教育规划纲要》编制工作小组办公室特编撰《贯彻落实〈重庆市中长期城乡教育改革和发展规划纲要(2010—2020年)〉学习读本》。该学习读本旨在对《教育规划纲要》的总体思路、主要任务、重大措施等进行全面系统的阐释,为广大读者提供学习参考。

市委教育工委、市教委高度重视学习读本的编撰工作。时任市委教育工委书记、市教委主任彭智勇,现任市教委主任周旭,市委教育工委书记赵为粮对学习读本给予了悉心指导。市教委副主任牟延林具体主持了编撰工作。市教委副主任钟燕、黎德龙、舒立春,市教委总会计师邓睿,市教委专职督学张荣，市教委副巡视员帅逊、程明亮、胡斌，市教委原副巡视员邓朝喜等对学习读本的相关内容进行了审阅修改。

参加学习读本编写的有邓朝喜、苏飞跃、郭冠仁、陈切锋、赵文朝、李代文、文像阳、刘建新、唐雪平。

参与学习读本编写的还有：陈瑜、姚友明、许洪斌、董蜀华、邓沁泉、隗建勋、徐辉、李源田、徐剑锋、李世玉、余善云、陈申华、李燕、杨舒涵、韩玉梅等。米加德、杨景罡、李玲等对本书的出版给予了大力支持。

学习读本的编写凝聚了很多人士的心血，在此一并表示感谢。

编者

2011 年 3 月